21世纪普通高等教育规划教材·国际经济与贸易系列

# 国际贸易与国际金融

## （双语版）

主　编　赵雪松　李　贺
副主编　黄文娟　赵珂一　高　雯

上海财经大学出版社

图书在版编目(CIP)数据

国际贸易与国际金融:双语版/赵雪松,李贺主编. —上海:上海财经大学出版社,2017.9
(21世纪普通高等教育规划教材·国际经济与贸易系列)
ISBN 978-7-5642-2797-5/F·2797

Ⅰ.①国… Ⅱ.①赵…②李… Ⅲ.①国际贸易-双语教学-高等学校-教材②国际金融-双语教学-高等学校-教材 Ⅳ.①F74②F831

中国版本图书馆 CIP 数据核字(2017)第 180719 号

□ 责任编辑　李宇彤
□ 封面设计　晨　宇

GUOJI MAOYI YU GUOJI JINRONG
**国际贸易与国际金融**
(双语版)

赵雪松　李　贺　主　编
黄文娟　赵珂一　高　雯　副主编

上海财经大学出版社出版发行
(上海市中山北一路 369 号　邮编 200083)
网　　址:http://www.sufep.com
电子邮箱:webmaster@sufep.com
全国新华书店经销
上海宝山译文印刷厂印刷
上海淞杨印刷厂装订
2017 年 9 月第 1 版　2017 年 9 月第 1 次印刷

787mm×1092mm　1/16　10.75 印张　275 千字
印数:0 001—4 000　定价:33.00 元

# 21世纪普通高等教育规划教材

## 编委会
### BIAN WEI HUI

**总策划**　宋　谨

**编　委**　（排名不分先后）

| | | | |
|---|---|---|---|
| 石永恒 | 清华大学 | 韩冬芳 | 山西大学商务学院 |
| 郑甘澍 | 厦门大学 | 何传添 | 广东外语外贸大学 |
| 吴　迪 | 上海交通大学 | 吴建斌 | 南京大学 |
| 张一贞 | 山西财经大学 | 张中强 | 西南财经大学 |
| 江　林 | 中国人民大学 | 梁莱歆 | 中南大学 |
| 施　娟 | 吉林大学 | 余海宗 | 西南财经大学 |
| 吴国萍 | 东北师范大学 | 关玉荣 | 渤海大学 |
| 胡大立 | 江西财经大学 | 曹　刚 | 湖北工业大学 |
| 彭晓洁 | 江西财经大学 | 孟　昊 | 天津财经大学 |
| 袁崇坚 | 云南大学 | 齐　欣 | 天津财经大学 |
| 李少惠 | 兰州大学 | 张颖萍 | 渤海大学 |
| 黎江虹 | 中南财经政法大学 | 吴开松 | 中南民族大学 |
| 罗昌宏 | 武汉大学 | 杜江萍 | 江西财经大学 |
| 徐艳兰 | 中南财经政法大学 | 盛洪昌 | 长春大学 |
| 吴秋生 | 山西财经大学 | 刘丁酉 | 武汉大学 |
| 闫秀荣 | 哈尔滨师范大学 | 刘继森 | 广东外语外贸大学 |
| 姚晓民 | 山西财经大学 | 张慧德 | 中南财经政法大学 |
| 夏兆敢 | 湖北工业大学 | 屈　韬 | 广东商学院 |
| 安　烨 | 东北师范大学 | 尤正书 | 湖北大学 |
| 张昊民 | 上海大学 | 胡放之 | 湖北工业大学 |
| 黄金火 | 湖北经济学院 | 李文新 | 湖北工业大学 |
| 李会青 | 山西大学商务学院 | 张　洪 | 武汉理工大学 |
| 任月君 | 东北财经大学 | 夏　露 | 湖北工业大学 |
| 蒲清泉 | 贵州大学 | 牛彦秀 | 东北财经大学 |

# 前　言

15世纪末，国际贸易在欧洲萌生。18世纪中期，国际金融随着跨国贸易发展起来。20世纪90年代以来，经济全球化浪潮席卷世界。21世纪初，我国加入WTO。当今世界，没有一个国家和地区能够置身经济全球化之外。随着国际贸易和国际金融的发展，个人经济生活也深深卷入经济全球化的大潮中，无法回避。这就要求我们在认识和分析相关经济问题时，既要具备国际视野，也必须掌握国际贸易和国际金融的相关知识。

在长期的教学过程中，我们发现，应用型本科学生需要一本既通俗易懂、结构简明，又包含国际贸易和国际金融英文术语和简要解释的教材，正是基于这样的需求，我们编写了这样一本双语教材。

本教材具有以下特点：

（1）以中文为主体语言进行编写，用英文对术语和重点内容进行简要阐释，以增强学生对内容的记忆和理解，使之更加符合应用型本科学生的需求。

（2）章节结构编排上较为丰富完整，每章包括导读、学习目标、关键词汇、正文、扩展阅读、小结和课后练习，以方便教师授课和学生学习。

（3）内容编排上采取提纲挈领的方式，主要介绍国际贸易和国际金融的重点知识和常用知识，并不力求面面俱到。

基于以上特点，本书适用于非国际贸易和国际金融专业的应用型本科学生。本书内容包括国际贸易、国际金融两个部分。国际贸易部分主要介绍国际贸易相关概念、国际贸易理论和政策、国际贸易主要工具和国际贸易实务；国际金融部分主要介绍国际金融基本概念、国际收支、国际金融市场、汇率和汇率制度以及国际储备。

本书由赵雪松副教授、李贺副教授任主编，黄文娟、赵珂一和高雯老师任副主编。具体分工为：赵雪松副教授编写第一、第二、第三章，李贺副教授编写第六、第十一章，黄文娟老师编写第七、第八章，赵珂一老师编写第四、第五章，赵雪松、高雯老师共同编写第九、第十章。

要编写一本系统性强又通俗易懂、理论联系实际且适用于应用型本科的教材实属不易，双语的安排又增加了编写的难度。由于作者水平有限，对国际贸易和国际金融知识的理解、研究和归纳存在一定的局限性，书中的缺点和错误在所难免，希望有关专家和读者不吝赐教，以便我们在教学实践中加以完善。

在教材的编写中，我们参阅了近年来国内外出版的同类教材，参考书目已在参考文献中列出，在此表示感谢！

编　者<br>
2017年8月

# 目 录

前言

## 第一章 国际贸易导论
1.1 国际贸易的概念 ······ 2
1.2 国际贸易的分类 ······ 5

## 第二章 国际贸易理论
2.1 传统国际贸易理论 ······ 10
2.2 当代国际贸易理论 ······ 16

## 第三章 国际贸易政策发展及演变
3.1 国际贸易政策概述 ······ 25
3.2 国际贸易政策发展演变 ······ 25
3.3 发展中国家的对外贸易政策 ······ 31
3.4 中国的对外贸易政策 ······ 33

## 第四章 国际贸易政策工具：关税
4.1 关税的概念 ······ 37
4.2 关税的分类 ······ 38
4.3 关税的经济效应 ······ 46

## 第五章 国际贸易政策工具：非关税壁垒
5.1 非关税壁垒的概念 ······ 52
5.2 非关税壁垒的种类 ······ 53

## 第六章 国际贸易实务
6.1 国际贸易合同 ······ 66
6.2 商务谈判 ······ 71
6.3 贸易术语 ······ 72
6.4 国际货物运输 ······ 74
6.5 保险 ······ 75

## 第七章 国际金融导论

- 7.1 国际金融概述 ……… 81
- 7.2 国际金融机构 ……… 81
- 7.3 国际金融发展 ……… 91

## 第八章 国际收支

- 8.1 国际收支的概念 ……… 98
- 8.2 国际收支平衡表 ……… 98
- 8.3 国际收支不平衡的含义 ……… 104
- 8.4 国际收支不平衡的调节 ……… 106

## 第九章 国际金融市场

- 9.1 国际金融市场的含义 ……… 117
- 9.2 国际货币市场 ……… 119
- 9.3 国际资本市场 ……… 122
- 9.4 离岸金融市场 ……… 126
- 9.5 亚洲货币市场 ……… 129

## 第十章 汇率与汇率制度

- 10.1 外汇 ……… 134
- 10.2 汇率 ……… 137
- 10.3 汇率的决定及其经济影响 ……… 140
- 10.4 汇率制度 ……… 142

## 第十一章 国际储备

- 11.1 国际储备的概念 ……… 149
- 11.2 国际储备管理 ……… 155

## 参考文献

# Contents

Preface

**Chapter One　Introduction to International Trade**
1.1　What is international trade? ······ 2
1.2　The classification of international trade ······ 5

**Chapter Two　International Trade Theories**
2.1　Classical theories of international trade ······ 10
2.2　Modern trade theories ······ 16

**Chapter Three　International Trade Policy and Its Development**
3.1　What is international trade policy? ······ 25
3.2　Historical development of international trade policy ······ 25
3.3　The foreign trade policies of developing countries ······ 31
3.4　The foreign trade policy of China ······ 33

**Chapter Four　Instrument of International Trade Policy: Tariffs**
4.1　What is tariff? ······ 37
4.2　Classification of tariff ······ 38
4.3　The economic effectiveness of tariff ······ 46

**Chapter Five　Instrument of International Trade Policy: Non-tariff Barriers**
5.1　What is non-tariff barriers? ······ 52
5.2　Types of non-tariff barriers ······ 53

**Chapter Six　Practice of International Trade**
6.1　Contract of international trade ······ 66
6.2　Business of negotiation ······ 71
6.3　Trade terms ······ 72
6.4　Transportation ······ 74

6.5　Insurance ······ 75

**Chapter Seven　Introduction to International Finance**

7.1　Introduction of international finance ······ 81
7.2　Introduction to international finance institution ······ 81
7.3　The development of international finance ······ 91

**Chapter Eight　Balance of Payments**

8.1　What is balance of payments? ······ 98
8.2　What is balance of payments presentation? ······ 98
8.3　Analysis of balance of payments disequilibrium ······ 104
8.4　Adjustment of balance of payments disequilibrium ······ 106

**Chapter Nine　International Financial Market**

9.1　Introduction of international financial market ······ 117
9.2　International monetary market ······ 119
9.3　International capital market ······ 122
9.4　Offshore financial market ······ 126
9.5　Asia currency market ······ 129

**Chapter Ten　Foreign Exchange Rate and Foreign Exchange Rate System**

10.1　Introduction to foreign exchange ······ 134
10.2　Exchange rate ······ 137
10.3　The decision of exchange rate and its economic influence ······ 140
10.4　Exchange rate system ······ 142

**Chapter Eleven　International Reserves**

11.1　Introduction to international reserves ······ 149
11.2　Management of International reserves ······ 155

**Reference**

# Chapter One
# Introduction to International Trade
# 第一章
# 国际贸易导论

自 15 世纪末期地理大发现以来,国际贸易逐渐发展。18 世纪中期第一次工业革命后,国际贸易迅速发展,极大地推动着世界经济的发展。

据 WTO《2014 年世界贸易报告》,2014 年全球贸易总额以出口额计算为 18.7 万亿美元,世界商品贸易增长率为 2.8%。其中,中国连续两年位列世界第一,贸易总额达到 4.303 万亿美元(约合人民币 26.7 万亿元);美国位列第二,为 4.032 万亿美元;德国位列第三,为 2.728 万亿美元;日本以 1.506 万亿美元排名第四。

资料来源:根据 WTO《2014 年世界贸易报告》整理。

思考:
1. 什么是国际贸易?
2. 国际贸易的分类有哪些?
3. 国际贸易的主要术语有哪些?

## Learning target:

1. What is international trade?
2. What are the basic terms of international trade?
3. What are the classifications of international trade?

## Key words:

| | |
|---|---|
| international trade | 国际贸易 |
| foreign trade | 对外贸易 |
| value of international trade | 国际贸易额 |
| quantum of international trade | 国际贸易量 |
| composition of international trade | 国际贸易构成 |
| direction of foreign trade | 对外贸易流向 |
| ratio of dependence on foreign trade | 对外贸易依存度 |

| | |
|---|---|
| balance of trade | 贸易差额 |
| general trade | 总贸易 |
| special trade | 专门贸易 |
| visible trade | 有形贸易 |
| invisible trade | 无形贸易 |
| direct trade | 直接贸易 |
| indirect trade | 间接贸易 |
| entrepot trade | 转口贸易 |
| barter trade | 易货贸易 |
| export trade | 出口贸易 |
| import trade | 进口贸易 |
| transit trade | 过境贸易 |

## 1.1 What is international trade?

International trade is the fair and deliberate exchange of goods and/or services across national boundaries. It concerns of both import and export. It includes the purchase and sale of both visible and invisible goods.

国际贸易是指世界各国(地区)之间商品和服务的交换。它既包括有形商品(实物商品)的交换,也包括无形商品(劳务、技术等)的交换。这种交换活动,从单个国家(或地区)的角度看,称为一个国家(或地区)的对外贸易;从全球的角度看,世界各国(或地区)对外贸易的总和构成国际贸易,或称世界贸易。国际贸易是在不同国家之间的分工——国际分工——的基础上发展起来的,反映了世界各国在经济上的相互依赖关系。

### 1.1.1 International trade and foreign trade

Foreign trade is the exchange of goods and services between a country (region) and other countries (regions), it includes a country's exports and imports.

如上所述,尽管对外贸易与国际贸易都是指越过国界所进行的商品交换活动,但对外贸易(foreign trade)是一国(地区)与其他国家(地区)之间的商品及服务的交换,包括一国的出口和进口,如:商品出口,向国外提供服务;商品的进口,接受国外的服务。而国际贸易(international trade)是世界各国(地区)对外贸易的总和,它等于世界各国(地区)出口贸易的总和。

### 1.1.2 Value of international trade and quantum of international trade

Value of international trade refers to the total amount of imports or exports of all countries (regions) calculated by the current world

国际贸易的规模是可以计量的。国际贸易额(value of international trade)是以货币表示的现行世界市场价格计算的各国(地区)进口总额或出口总额之和,又称国际贸易值。

market price in terms of the amount of currency.

The quantum of international trade is the total amount of international trade which is calculated by constant price in a certain period, which means that the fluctuation of prices has been removed.

它能够反映某一时期内的贸易总额。需要注意的是，为了避免重复计算，国际贸易额等于世界各国出口额之和，或者是进口额之和，通常采用各国出口额之和。

由于进出口商品的价格是经常变动的，因此国际贸易额往往不能够准确反映国际贸易的实际规模与变化趋势。国际贸易量（quantum of international trade）是剔除了价格变动的因素，以一定时期的不变价格为标准计算的各个时期的国际贸易额。国际贸易量的计算公式为：

国际贸易量＝国际贸易额/价格指数

国际贸易量指标可以比较确切地反映出对外贸易的实际规模，便于把不同时期的国际贸易额进行比较。例如，据WTO统计，2010年全球国际贸易额达153 084亿美元，到2011年达到182 170亿美元。出口价格指数以2010年为100的话，2011年为113.3。以出口价格指数来修正2011年的贸易值，可得到2011年的贸易量为：

182 170÷113.3×100＝160 785（亿美元）

如果单纯用国际贸易额来计算，从2010年到2011年，国际贸易额增长了19%，而以国际贸易量来衡量，2011年比2010年国际贸易的实际规模仅增长5%，即：(160 785－153 084)÷153 084×100%＝5.03%。

### 1.1.3 Composition of international trade or foreign trade

The composition of international trade refers to the proportion or status of all kinds of commodities in the whole international trade in a certain period, while the composition of foreign trade refers to the proportion of all kinds of commodities in a country's foreign trade in a certain period.

国际贸易商品结构（composition of international trade）是指一定时期各类商品在整个国际贸易中所占的比重或地位，即各类商品贸易额与整个世界出口贸易额相比，通常以百分比表示。

对外贸易商品结构（composition of foreign trade）是指一定时期内各类商品在一国对外贸易中所占的比重，即各类商品出口贸易额与整个出口贸易额相比，以百分比表示。例如，某国2010年出口额为2 000亿美元，其中初级产品为500亿美元，制成品为1 500亿美元，则该国的出口商品结构是初级产品占25%，制成品占75%。

商品结构是经济发展水平与产业结构的具体体现。国际贸易商品结构可以反映出整个世界经济发展水平和产业结构状况；一国的对外贸易商品结构可以反映出该国经济发展水平、产业结构状况。

### 1.1.4 Balance of trade

Balance of trade refers to the

一定时期内（通常指一年）一国出口总额与进口总额之

difference between a country's total exports and imports in a given period of time (usually a year).

间的差额称为贸易差额(balance of trade)。贸易差额用来表示一定时期内一国对外贸易的收支状况。当出口总额大于进口总额时,其差额称为贸易顺差,又称贸易出超;当出口总额小于进口总额时,其差额称为贸易逆差,又称贸易入超;出口总额与进口总额相等时,则称为贸易平衡。原则上讲,长期出超与长期入超对一国对外贸易和国民经济发展都是不利的。

### 1.1.5 Terms of trade

Terms of trade (TOT) is used to measure a country's trade welfare. It shows that in a certain period of time, a country's exports relative profitability out of imports, usually expressed in terms of TOT index.

贸易条件(terms of trade,简称TOT)是用来衡量一国贸易福利的指标,它表明在一定时期内一国出口相对于进口的盈利能力和贸易利益的指标,通常以贸易条件指数来表示。它在判断双边贸易中产生贸易利得时尤其重要。

常用的贸易条件有价格贸易条件、收入贸易条件和要素贸易条件。其中价格贸易条件最常使用,也最容易根据现有数据进行计算。价格贸易条件又称交换比价或贸易比价,即出口价格与进口价格之间的比率。其计算公式为:

$$TOT = (出口价格指数/进口价格指数) \times 100$$

它表示一个单位的出口商品可以换回多少个单位的进口商品。计算中以一定时期为基期,设定基期进出口价格指数为100,再计算比较期的出口价格指数与进口价格指数比率,然后与基期相比,如果大于100,则表示贸易条件比基期有所改善;如果小于100,则说明贸易条件比基期恶化。

### 1.1.6 Ratio of dependence on foreign trade

The ratio of dependence on foreign trade refers to percentage of a country's foreign trade accounting for the country's total GDP or GNP. It reflects the degree of dependence on foreign trade of a country's economy.

对外贸易依存度(ratio of dependence on foreign trade)是一国对外贸易总额在该国国内生产总值(GDP)或国民生产总值(GNP)中所占的比重,它反映一国国民经济对外依赖程度,即一国经济对外开放程度。其计算公式为:

$$对外贸易依存度 = (进出口总额/GDP 或 GNP) \times 100\%$$

一般来说,对外贸易依存度越高,表明该国经济发展对外贸的依赖程度越高,同时也表明对外贸易在该国国民经济中的地位越重要。

## 1.2　The classification of international trade

### 1.2.1　Export, import and transit trade

根据货物移动方向不同,国际贸易可分为出口贸易、进口贸易和过境贸易。出口贸易(export trade)是指将本国生产和加工的商品(包括本国拥有的劳务)输往国外市场进行销售。进口贸易(import trade)是指一国从外国购进外国生产和加工的商品(包括外国拥有的劳务)。出口贸易与进口贸易是每一笔贸易的两个方面,对卖方是出口贸易,对买方是进口贸易。此外,输入本国的商品再输出时,称为复出口(re-export),输出国外的商品再输入本国时,称为复进口(re-import)。

Export trade refers to the sales of domestic product (including goods and services) in the foreign market. Import trade refers to the purchase of foreign country produced goods (including goods and services).

过境贸易(transit trade)是指商品生产国与消费国之间进行商品买卖活动,贸易货物通过第三国国境,不经加工地运往消费国的贸易活动,对第三国而言,就构成了该国的过境贸易。过境贸易属于直接贸易。

Transit trade refers to the commodities traded between two countries and transported through a third country, without being processed.

### 1.2.2　Visible trade and invisible trade

有形贸易(visible trade)是指国际贸易中的货物贸易。因为交易的商品是具体的、有形的商品,看得见、摸得着,故称有形贸易。如汽车、粮食、服装、玩具等的贸易。

无形贸易(invisible trade)是指非实物形态商品(无形商品)的贸易。如教育、通信、旅游、运输等服务的交换活动。一般来说,无形贸易包括服务贸易和技术贸易。无形贸易是伴随着有形贸易的发展而发展的,但随着国际经济关系的扩大,围绕商品交换的各种服务,如运输、保险、金融等大为增加,从而使得无形贸易的发展速度大大加快。

一般认为,有形贸易的进出口要经过海关手续,故其金额表现在海关的贸易统计上,这是国际收支中的重要项目。而无形贸易则不经过海关手续,其金额通常不显示在海关的贸易统计上,但它显示在一国的国际收支表上。

### 1.2.3　Direct trade and indirect trade and entrepot trade

按照生产国和消费国关系的划分,国际贸易可以分为直接贸易、间接贸易和转口贸易。

直接贸易(direct trade)是指商品贸易由生产国和消费

Direct trade refers to the trade between the producer and the consumer, without a third party participation.

国之间不通过第三方直接进行的贸易活动。贸易双方交易的货物既可以直接从生产国运到消费国,也可以通过第三国的国境转运至消费国,只要两者之间直接发生关系,即不通过第三国商人作为中介人来进行贸易就是直接贸易。

Indirect trade refers to the trade between two countries finished through a third party country.

间接贸易(indirect trade)是指通过第三方或其他中间环节,把商品从生产国运销到消费国的贸易活动。它是直接贸易的对称。贸易双方交易的货物既可以直接从生产国运至消费国,也可以通过第三国转运至消费国,只要两者之间没有直接发生关系,而是通过第三国商人作为中介来进行贸易的就是间接贸易。

Entrepot trade refers to that a country's imports are not for the purpose of domestic consumption, but to export to other countries.

转口贸易(entrepot trade)也称中转贸易,是指一国(地区)进口某种商品不是以消费为目的,而是将它作为商品再向别国出口的贸易活动。转口贸易与间接贸易的区别在于看待问题的角度不同,商品生产国与消费国通过第三国进行的贸易对生产国和消费国而言是间接贸易,对第三国而言则是转口贸易。例如,我国很多出口到美国的商品是通过我国香港特别行政区第三方商人介入来完成的,对于中国和美国来说,这属于间接贸易;对于我国香港特别行政区来说,这就属于转口贸易。

### 1.2.4 General trade and special trade

总贸易体系和专门贸易体系是两个采用不同标准统计进出口贸易的体系。

总贸易(general trade)体系是以国境为标准划分进出口贸易的体系。凡是进入国境的商品一律列入进口,凡是离开国境的商品一律列入出口,总进口额与总出口额之和就是一国的总贸易额。中国、日本、加拿大、澳大利亚等国采用总贸易体系划分标准。

General trade system is the system to divide import and export by national border. The goods entering the border are regarded as import, while goods leaving the border regarded as export.

专门贸易(special trade)体系是以关境为标准划分进出口贸易的体系。当外国商品进入国境后,如果暂时存放在海关保税仓库或放在其他特区内使用而未进入关境,一律不列为进口,只有从外国进入关境的商品,以及从保税仓库提出进入关境的商品,才列为专门进口。从国内运出关境的商品,以及进口后经过加工又运出关境的商品,则列为专门出口。专门进口额与专门出口额加总就是一国专门贸易额。德国、意大利、瑞士等国采用这种标准。

Special trade system is the system to divide import and export by a country's customs.

一般情况下,一国国境与关境完全重合,但也有不一致的情况。自由港、出口加工区、保税区等经济特区虽在国境之内,但却在关境之外。因此,设有经济特区的国家,关境的范围要小于国境。反过来,当几个国家结成关税同盟,成员国的领土合并为一个统一的关境,对内取消一切贸易限制,对外建立统一的关税制度,这时,关境要大于其中某一国的国境。

## Summary

1. International trade is the fair and deliberate exchange of goods and/or services across national boundaries. It concerns of both import and export and includes the purchase and sale of both visible and invisible goods.

2. Balance of payments presentation is a statistical statement of all revenue and expenditure in international economic activities for a given country over a specified time period. Balance of payments presentation is presented in the form of double-entry bookkeeping.

3. Accounts of balance of payments presentation include current account, capital and financial account, reserve assets account and net errors and omissions account.

## Exercises

**一、名词解释**

国际贸易额　　国际贸易量　　对外贸易的商品结构　　对外贸易依存度　　贸易差额
贸易条件　　总贸易　　专门贸易　　直接贸易　　间接贸易　　过境贸易

**二、单项选择题**

1. 能够比较确切地反映一国对外贸易实际规模,便于各时期进行比较的是(　　)。
   A. 贸易顺差　　　　　　　　　　B. 对外贸易额
   C. 对外贸易商品结构　　　　　　D. 对外贸易量

2. (　　)说明的是一国在国际商品流通中所处的地位和作用。
   A. 出口贸易　　B. 进口贸易　　C. 总贸易体系　　D. 专门贸易

3. 转口贸易商品从生产国运到消费国(　　)。
   A. 只能采取间接运输　　　　　　B. 只能采取直接运输
   C. 既可直接运输,也可间接运输　　D. 只能过境运输

4. 通常所说的国际货物贸易额是指(　　)。
   A. 出口货物总额　　　　　　　　B. 进口货物总额
   C. 对外贸易额　　　　　　　　　D. 对外贸易量

5. 一定时期内,若一国一定量的出口商品所能换得的进口商品的数量减少,该国的贸易条件(　　)。
   A. 恶化　　B. 不利　　C. 改善　　D. 有利

6. 一国的贸易收支状况用(　　)来表明。
   A. 对外贸易额　　　　　　　　　B. 贸易差额
   C. 有形贸易　　　　　　　　　　D. 无形贸易

三、简答题
1. 总贸易体系与专门贸易体系的联系和区别有哪些?
2. 什么是贸易差额?贸易差额的含义是什么?
3. 什么是国际贸易条件?

# Chapter Two
# International Trade Theories
# 第二章
# 国际贸易理论

国际贸易理论立足于认知与解释国际贸易活动。传统国际贸易理论有两条线索：一是亚当·斯密绝对优势与专业分工学说；二是大卫·李嘉图的比较优势理论。第二次世界大战之后，世界经济迅速发展，国际分工和国际贸易都发生了巨大变化，传统的国际分工和国际贸易理论显得脱节。在这一背景下，一些学者力图用新的学说来解释国际分工和国际贸易的新发展。这其中，动态比较优势理论、产业内贸易理论以及国家竞争优势理论比较具有代表性，能够较好地解释当代国际贸易及国际分工的发展。

思考：
1. 什么是绝对优势和比较优势？
2. 里昂惕夫之谜背后的原因有哪些？
3. 当代国际贸易新理论有哪些特点？

## Learning target:
1. What is absolute advantage and comparative advantage?
2. What are the reasons of Leontif paradox?
3. What are the features of modern trade theories?

## Key words:

| | |
|---|---|
| absolute advantage | 绝对优势 |
| theory of absolute advantage | 绝对优势理论 |
| comparative advantage | 比较优势 |
| theory of comparative advantage | 比较优势理论 |
| specialization | 专业化 |
| opportunity cost | 机会成本 |
| production possibility frontier(PPF) | 生产可能性边界 |
| factor endowment theory | 要素禀赋理论 |

| hechscher-Olin model (H-O Model) | 赫克歇尔—俄林模型 |
| factor abundance | 要素丰裕度 |
| labor abundant | 劳动力丰裕度 |
| capital abundant | 资本丰裕度 |
| factor intensity | 要素密集度 |
| labor intensive | 劳动力密集度 |
| capital intensive | 资本密集度 |
| leontif paradox | 里昂惕夫之谜 |
| inter-industry trade | 产业间贸易 |
| intra-industry trade | 产业内贸易 |
| product life cycle theory | 产品生命周期理论 |
| theory of preference similarity | 偏好相似理论 |
| theory of competitive advantage of nations | 国家竞争优势理论 |

## 2.1 Classical theories of international trade

### 2.1.1 Theory of absolute advantage

Adam Smith (16 June 1723—17 July 1790) was a Scottish economist, philosopher, and author. He is best known for two classic works: *The Theory of Moral Sentiments* (1759), and *An Inquiry into the Nature and Causes of the Wealth of Nations* (1776). The latter, is considered his masterpiece and the first modern work of economics.

亚当·斯密(Adam Smith,1723—1790),英国著名经济学家,资产阶级古典经济学派主要奠基人之一,国际分工及国际贸易理论的创始人。

1. 绝对优势理论提出的背景

在亚当·斯密所处的时代,英国工业革命逐渐展开,经济实力不断增强,新兴工业资产阶级迫切要求在国民经济各个领域迅速发展资本主义。但是受到长期以来以"贸易差额论"为基调的重商主义将一国的出口(净出口)视作财富来源的重要渠道的影响,各国认为国际贸易是一种"零和博弈",即一国之所得是另一国之所失。国际贸易发展相对缓慢。此时,一方面,英国由于其强大的国际竞争力,迫切需要打开其他国家的市场大门;另一方面,英国也需要以本国工业制成品的出口换取原料和粮食的进口。为此,英国工业资产阶级需要国内政府放松进口管制。斯密在1776年出版的《国民财富的性质和原因研究》(*Inquiry into the Nature and Cause of the Wealth of Nation*,简称《国富论》)也就应运而生。在该书中,他提出了国际分工和自由贸易的理论,并以此作为反对贸易保护政策的重要武器。他的基本经济思想是"自由放任",这一思想运用于国际贸易中就是绝对优势理论。该理论认为,依据绝对成本优势进行专业化生产,通过交换,所有的参与者均可获取贸易利益。

The principle of absolute advantage refers to the ability of a party to produce a greater quantity of a good, or service than competitors, using the same amount of resources. Adam Smith first described the principle of absolute advantage in the context of international trade, using labor as the only input. Since absolute advantage is determined by a simple comparison of labor productiveness, it is possible for a party to have no absolute advantage in any-thing; in that case, according to the theory of absolute advantage, no trade will occur with the other party.

2. 绝对优势理论的主要观点

绝对优势理论(Theory of Absolute Advantage)的主要观点可以简单归纳为以下四点：

(1) 分工可以提高劳动生产率，增加国民财富。亚当·斯密认为，人类的交换活动必然产生专业化社会分工，社会劳动生产率的巨大进步就是社会分工的结果。他以制针业为例说明其观点：分工前，一个粗工每天至多能制造20枚针；分工后，平均每人每天可制造4 800枚针，每个工人的劳动生产率提高了几百倍。由此可见，分工可以提高劳动生产率，增加国民财富。

(2) 分工的原则是绝对优势。亚当·斯密进而分析到，分工既然可以极大地提高劳动生产率，那么每个人专门从事他最有优势的产品生产，然后彼此交换，则对每个人都是有利的。即分工的原则是成本的绝对优势或绝对利益。

(3) 国际分工是各种形式分工的最高阶段。在国际分工的基础上开展国际贸易，对各国都会产生良好的效果。斯密由家庭推及国家，论证了国际分工和国际贸易的必要性。他认为如果某种外国的产品比自己国内生产要便宜，那么最好是输出在本国有利生产条件下生产的产品，去交换外国的产品，而不要自己去生产。他举例说，在苏格兰，人们可以利用温室种植葡萄，并酿造出和外国一样好的葡萄酒，但要付出比外国高30倍的代价。他说，如果这样做，那显然是愚蠢的。每个国家都有适宜生产某些特定产品的绝对有利的生产条件，如果一国都按照其绝对有利生产条件(即生产成本绝对低)去进行专业化生产，然后彼此进行交换，则对所有国家都是有利的，世界的总财富也会因此增加。

(4) 国际分工的基础是有利的自然禀赋或后天的有利条件。亚当·斯密认为，有利的生产条件来源于有利的自然禀赋或后天的有利条件。自然禀赋和后天条件因国家而不同，这就为国际分工提供了基础。因为有利的自然禀赋或者后天的有利条件可以使一个国家生产某种产品的成本绝对低于其他国家而在该产品的生产和交换上处于绝对有利的地位。各国按照各自有利的条件进行分工和交换，将会使各国的资源、劳动和资本得到最有效的利用，将会大大提高劳动生产率、增加物质财富，并使各国从贸易中获益。

3. 绝对优势理论的例子

假设英国和葡萄牙生产两种商品：毛呢和葡萄酒。两国劳动生产率，分工前、分工后及贸易后的所得如表2—1所示。

表 2—1　　　　　　　　　建立在绝对优势上的分工与国际贸易

| 过程阶段 | 国　家 | 葡萄酒产量（单位） | 投入劳动（人/年） | 毛呢产量（单位） | 投入劳动（人/年） |
|---|---|---|---|---|---|
| 分工前 | 英国 | 1 | 150 | 1 | 100 |
|  | 葡萄牙 | 1 | 90 | 1 | 120 |
|  | 合计 | 2 | 240 | 2 | 220 |
| 分工后 | 英国 |  |  | (150+100)/100=2.5 | 150+100=250 |
|  | 葡萄牙 | (90+120)/90=2.33 | 90+120=210 |  |  |
|  | 合计 | 2.33 | 210 | 2.5 | 250 |
| 贸易后 | 英国 | 1 |  | 2.5−1=1.5 |  |
|  | 葡萄牙 | 2.33−1=1.33 |  | 1 |  |

表 2—1 表明，英国在毛呢生产上具有绝对优势，因为英国生产 1 单位毛呢只需投入 100 个单位的劳动力，而葡萄牙生产 1 单位毛呢需投入 120 个单位的劳动力，即英国毛呢生产的绝对成本低于葡萄牙。相反，葡萄牙在葡萄酒的生产上绝对成本低于英国，具有绝对优势。所以在自由贸易下，英国专门生产毛呢并出口一部分以换取葡萄牙的葡萄酒；葡萄牙专门生产葡萄酒并出口一部分以换取英国的毛呢。

分工及贸易后，毛呢和葡萄酒的生产效率得到了提高，如果两国按照 1∶1 交换毛呢和葡萄酒，英国除了享有 1 单位毛呢和 1 单位葡萄酒之外，还多出了 0.5 单位的毛呢。同样，葡萄牙除了享有 1 单位毛呢和 1 单位葡萄酒之外还多出了 0.33 单位的葡萄酒。可见，实行国际分工和专业化生产后，英国和葡萄牙都可同时受惠，世界的财富也增加了。

Based on the value of labor, the theory of absolute advantage partially explained the cause of the international trade, and for the first time demonstrated that international trade is not a zero-sum game, but a win-win game.

建立在劳动价值基础上的绝对优势理论，在历史上第一次从生产领域出发，解释了国际贸易产生的部分原因，也首次论证了国际贸易不是一种"零和游戏"，而是一种"双赢博弈"，从而为科学的国际贸易理论的建立作出了可贵的贡献。但是绝对优势理论只解释了国际贸易的部分原因，如果一国在各方面都处于绝对优势，而另一国在各方面都处于劣势，那么它们之间的贸易就无从解释。

### 2.1.2　Theory of comparative advantage

1. 比较优势理论提出的背景

尽管亚当·斯密的绝对优势理论为自由贸易提供了理论依据，但仍然面临着一些挑战，比如上文提到的一国在各种产品生产上都具有绝对优势，而另一国都处于劣势，此时，国际贸易还会在这两个国家之间发生吗？比较优势理论回答了这个问题。

David Ricardo (18 April 1772—11 September 1823) was a British political economist. He was one of the most influential classical economists, along with Thomas Malthus, Adam Smith, and James Mill.

Ricardo suggested that there is mutual national benefit from trade even if one country is more competitive in every area than its trading counterpart and that a nation should concentrate resources only in industries where it has a comparative advantage.

大卫·李嘉图在其代表作《政治经济学及赋税原理》中提出了比较成本贸易理论,后人称之为比较优势贸易理论。比较优势贸易理论在更普遍的基础上解释了贸易产生的基础和贸易利得,大大发展了绝对优势贸易理论。大卫·李嘉图所处的时代正是英国工业革命迅速发展、资本主义不断上升的时代。当时英国社会的主要矛盾是工业资产阶级同地主贵族阶级的矛盾,这一矛盾由于工业革命的进展而达到异常尖锐的程度,在经济方面,这个矛盾主要体现在《谷物法》存废的问题上。1815 年,英国政府为了维护土地贵族阶级利益而修订实行了《谷物法》。该法令规定,必须在国内谷物价格上涨到限额以上,才准进口。《谷物法》限制了英国对谷物的进口,使国内粮价和地租长期保持在很高的水平。为了与土地贵族阶级进行斗争,工业资产阶级迫切需要找到谷物贸易自由化的理论依据,大卫·李嘉图适时而应,建立了以自由贸易为基础的比较优势理论,为工业资产阶级的斗争提供了有利的武器。

2. 比较优势理论的主要观点

比较优势理论(Theory of Comparative Advantage)建立在以下严格的理论假设前提下:

(1)只有两个国家,生产两种商品;

(2)自由贸易;

(3)一种生产要素——劳动力,劳动力在国内可以自由流动,但在两国之间不能流动;

(4)所有劳动都是同质的,任意商品的价值或价格取决于它的劳动成本。

大卫·李嘉图认为,国际贸易的基础并不限于劳动生产率上的绝对差别,也即绝对优势。即使一国在所有产品的生产上都具有绝对劣势,只要不同产品生产的绝对劣势不同,互利贸易仍有可能发生。最有效和最有利的国际贸易是各国集中生产和出口具有"比较优势"的商品,进口具有"比较劣势"的商品,也即"两优取其重,两劣取其轻"。其结果是劳动生产率不同的两个国家,通过对外贸易都能取得比自己同等量劳动所能生产的更多的产品。

3. 比较优势理论的例子

假设英国和葡萄牙生产两种商品:毛呢和葡萄酒。两国劳动生产率,分工前、分工后及贸易后的所得如表 2—2 所示。

表2—2　　　　　　　　建立在比较优势上的分工与国际贸易

| 过程阶段 | 国　家 | 葡萄酒产量（单位） | 投入劳动（人/年） | 毛呢产量（单位） | 投入劳动（人/年） |
|---|---|---|---|---|---|
| 分工前 | 英国 | 1 | 120 | 1 | 100 |
|  | 葡萄牙 | 1 | 80 | 1 | 90 |
|  | 合计 | 2 | 200 | 2 | 190 |
| 分工后 | 英国 |  |  | (100+120)/100=2.2 | 120+100=220 |
|  | 葡萄牙 | (80+90)/80=2.125 | 80+90=170 |  |  |
|  | 合计 | 2.125 | 170 | 2.2 | 220 |
| 贸易后 | 英国 | 1 |  | 2.2−1=1.2 |  |
|  | 葡萄牙 | 2.125−1=1.125 |  | 1 |  |

Ricardo attempted to prove theoretically that international trade is always beneficial. In spite of the fact that the Portuguese could produce both cloth and wine with less amount of labor, Ricardo suggested that both countries would benefit from trade with each other.

表2—2表明，葡萄牙在毛呢和葡萄酒的生产上生产效率都高于英国，均具有绝对优势。但从比较优势来看，生产1单位的毛呢，英国需投入100个单位的劳动力，葡萄牙只需投入90个单位的劳动力，英国的生产效率是葡萄牙的9/10。而生产1单位葡萄酒，英国需要投入120单位的劳动力，葡萄牙只需投入80个单位的劳动力，英国的生产效率是葡萄牙的8/12。根据"两优取其重，两劣取其轻"的比较优势原则，英国虽然在两种产品生产上都具有绝对劣势，但英国在毛呢生产上具有比较优势，葡萄牙在葡萄酒生产上具有比较优势。因此，在自由贸易下，英国应专业化生产毛呢并出口一部分换取葡萄酒，葡萄牙应专业化生产葡萄酒并出口一部分换取毛呢，最终，两国总产出以及各国所得都增加了。可见，在基于各自比较优势的基础上，通过国际分工和专业化生产，两国也可以从国际贸易中受惠。

### 2.1.3　Factor endowment theory

20世纪30年代由瑞典经济学家赫克歇尔和俄林在李嘉图比较优势理论的基础上提出的要素禀赋理论（factor endowment theory）是现代国际贸易理论的开端，被誉为国际贸易理论的柱石，在国际贸易理论中具有里程碑意义。要素禀赋理论用生产要素的丰缺来解释国际贸易产生的原因和一国进出口贸易模型。

1. 要素禀赋理论的基本概念

要理解要素禀赋理论，首先必须理解与这个理论相关的几个重要概念：

（1）生产要素和要素价格

In economics, a country's factor endowment is commonly understood as the amount of land, labor, capital, and entrepreneurship that a country possesses and can exploit for manufacturing. Countries with a large endowment of resources tend to be more prosperous than those with a small endowment, all other things being equal.

生产要素（factor of production）是指生产活动必须具备的主要因素或在生产中必须投入或使用的主要手段。比如劳动力、资本以及土地等。要素价格（factor price）则是指生产要素的使用费用或报酬，如劳动力的工资、资本的利息以及土地的租金等。

(2)要素禀赋和要素丰裕度

要素禀赋(factor endowment)是指一国所拥有的可以用于生产和劳务的各种生产要素的总量。要素丰裕度(factor abundance)则是指一国某种要素的供给比例大于别国同种要素的供给比例,或一国某种要素的相对价格低于别国该种要素的相对价格。比如,用 La,Ka,Lb,Kb 分别表示 A 国劳动力、资本的供给量以及 B 国劳动力、资本的供给量,用 Pla,Pka,PLb,Pkb 分别表示 A 国劳动力、资本的价格以及 B 国劳动力和资本的价格,如果存在 La/Ka>Lb/Kb,或者 Pla/Pka<Plb/Pkb,我们就说 A 国是劳动力丰裕的国家,B 国是资本丰裕的国家。

(3)要素密集度和要素密集型产品

要素密集度(factor intensity)是指商品生产中所需的各种要素之间的投入比例。根据商品生产中所要求的各种要素投入的比例,可以把产品划分为不同类型的要素密集型产品。例如,纺织品生产中,劳动力的投入比例最大,就把纺织品称为劳动密集型产品(labour intensive commodity),电子计算机生产中资本投入比例最大,就把电子计算机称为资本密集型产品(capital intensive commodity),以此类推。经济学家一般将商品划分为资源密集型、劳动密集型、资本密集型和技术密集型四种基本类型。

2. 要素禀赋理论的主要内容

(1)基本假设

要素禀赋理论具有以下几个基本假设:①只有两个国家、两种商品、两种生产要素(劳动力和资本)。②两国的技术水平相同,即同种产品的生产函数相同。这意味着如果两国要素价格相同,则两国在生产同一商品时就会使用相同数量的劳动力和资本。③X 商品是劳动密集型产品,Y 商品是资本密集型产品。④两国进行的是不完全专业化生产,即尽管是自由贸易,两国仍然继续生产两种商品。⑤一国内部的生产要素能够自由流动,但在两国间不能自由流动。

(2)主要论点

要素禀赋论认为:第一,商品在国家之间的相对价格差异是国际贸易产生的主要原因,在不考虑运输费用的情况下,从价格较低的国家输出商品到价格较高的国家是有利的。第二,国家之间生产要素相对价格的差异决定了商品价格的差异。第三,国家间生产要素相对供给不同决定了要素价格的相对差异,即相对供给较充裕的要素相对价格

---

Factor endowment theory is used to determine comparative advantage.

The Hechsher-Olin Theory holds that a country will have a comparative advantage in the good that uses the factor with which it is heavily endowed.

When calculating comparative advantage, it is essential to remember that it is the ratios of factors that matter.

较低,而相对供给较稀缺的要素相对价格较高。最后,要素禀赋理论得出结论:一国应该出口该国相对丰裕和便宜的要素密集型产品,进口该国相对稀缺而昂贵的要素密集型产品。简言之,劳动力相对丰裕的国家拥有生产劳动密集型产品的比较优势,因而应该出口劳动密集型产品,进口资本密集型商品;而资本相对丰裕的国家拥有生产资本密集型产品的比较优势,因而应该出口资本密集型商品,进口劳动密集型商品。

## 2.2 Modern trade theories

第二次世界大战之后,在第三次科技革命推动下,世界经济迅速发展,国际分工和国际贸易都发生了巨大的变化,传统的国际分工和国际贸易理论显得脱节。在这种情形下,一些西方学者力图用新的学说来解释国际分工和国际贸易存在的问题,这就促使了国际贸易新理论的产生。

### 2.2.1 Product life cycle theory

The product life-cycle theory is an economic theory that was developed by Raymond Vernon in response to the failure of the Heckscher-Ohlin model to explain the observed pattern of international trade.

The theory suggests that early in a product's life-cycle all the parts and labor associated with that product come from the area where it was invented. After the product becomes adopted and used in the world markets, production gradually moves away from the point of origin.

The model demonstrates dynamic comparative advantage.

产品生命周期理论(product life cycle theory)是由美国经济学家弗农(Vernon)于1966年在其《生命周期中的国际投资与国际贸易》一文中提出并建立的。该理论对解释贸易模式的动态变动和一些产品的技术领先地位的变化作出了很大的贡献。弗农认为,产品与生物一样具有自己的生命周期,先后经历三个不同的阶段,即新生期、成长期、成熟期。在不同的生命阶段,产品具有不同的比较优势和贸易模式。该理论是对比较优势理论的动态发展。

新生期是指新产品的研究和开发阶段。新生期的特点是:需要大量的研究开发费用以及相关的研发专业人员,产量较小,成本及技术壁垒很高。因此,拥有丰富物质资本和人力资本的高收入发达国家具有比较优势。这一阶段的产品表现出知识和技术密集的明显特征。产品主要供应本国市场,满足高收入阶层的特定需求。该阶段的主要出口国是技术创新国,主要进口国是其他发达国家。

经过一段时间以后,生产技术确定并趋于成熟,国内消费者普遍接受创新产品,加之收入水平相近的国家开始模仿消费新产品,国外需求增加,生产规模随之扩大,新产品进入成长期。在成长期,由于新技术已经扩散到国外,外国生产商模仿生产新产品,生产者不断增加,竞争加剧,产品由技术密集型变为资本密集型,这一阶段,比较优势由创新国转移到其他发达国家。主要出口国是其他发达国家,主要进口国是发达国家和发展中国家。

国际市场打开以后,经过一段时间的发展,生产技术已经成熟,批量生产达到适度规模,产品进入成熟期。在成熟期,产品已经高度标准化,技术和资本逐渐失去了重要性,劳动力成本成为决定产品是否具有比较优势的主要因素。此时,原来的创新国既丧失了技术上的比较优势,又缺乏生产要素配置上的比较优势,不得不转移生产,即转移到劳动力和地租成本较低的欠发达国家生产并开始进口。

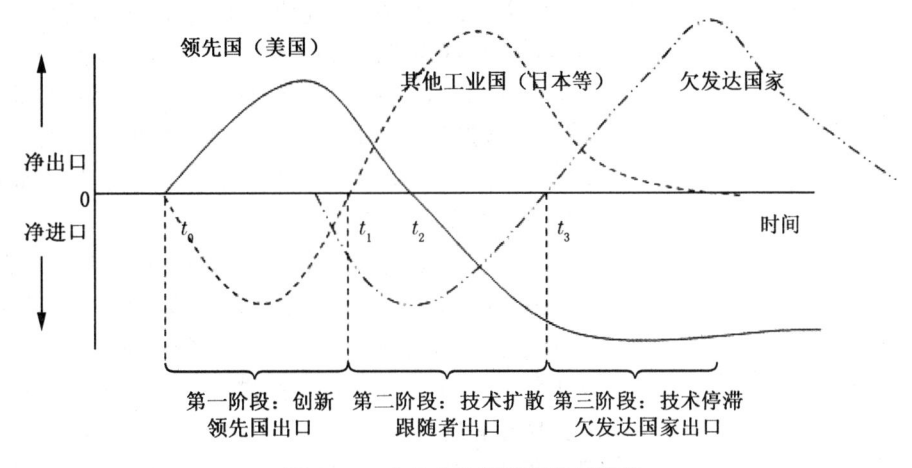

图 2—1 产品生命周期理论示意图

### 2.2.2 Intra-industry trade theory

Intra-industry trade is trade among countries with similar factor endowments and in commodities with similar factor intensities. According to the H-O theory, such trade must be nonexistent.

第二次世界大战以后,特别是20世纪50年代以来,国际贸易出现了许多新的倾向,主要表现在:同类产品之间的贸易量大大增加,发达国家之间的贸易量大大增加,产业领先地位不断转移。

所谓产业内贸易(intra-industry trade)是相对于产业间贸易(inter-industry trade)而言的。产业间是指不同产业之间完全不同的产品交换而言的。产业间贸易的基础和原因是各国要素禀赋的差异引起比较成本的差异。国家之间的要素禀赋差异越大,产业间贸易量就越大。而产业内贸易则是指同一产业内部,特别是制成品产业,既进口又出口相同产品的国际贸易。例如,美国每年既出口大量汽车,同时也从日本、德国进口汽车。

产业内贸易具有以下特点:

1. 产业内贸易交换的是同种异质产品

在每一个产业部门内部,由于产品的质量、性能、规格、牌号、设计等的不同每种产品在每一方面上都有细微的差

Trade among countries in the European Union has been developing fast, and intra-industry trade much faster than the rest of the trade. Thus, countries are not only specializing in products of different industries but also in different varieties of the same commodity from within the same industry. 别，从而形成无数种差别产品系列。受生产要素的制约，任何一个国家都不可能在具有比较优势的部门生产所有差别化的商品，而必须有所取舍，着眼于某些差别化产品的专业生产，以获取规模经济利益。因此，每一产业内部的系列产品常常来自不同的国家，而消费多样化造成市场需求的多样化，使各国对同种产品产生相互需求，从而产生贸易。

2. 产业内贸易反映的是获得性的比较优势

根据要素禀赋理论，产业间贸易是建立在国家之间要素禀赋差异产生的比较优势之上，而产业内贸易是以产品的异质性和规模经济为基础的。因此，国家间要素禀赋差异越大，产业间贸易的机会就越多；国家之间的要素禀赋越相似，经济发展水平越接近，产业内贸易产生的机会就越多。产业间贸易反映的是自然形成的比较优势，而产业内贸易反映的是获得性比较优势。

3. 产业内贸易的根本原因是为了利用规模经济

由于国际上企业间竞争非常激烈，为了降低成本，获得比较优势，工业化国家的企业往往会选择某些产业中一种或几种产品，而不是全部产品进行生产。对企业而言，在国际贸易开展后，厂商面对更大的市场，生产规模可以扩大，规模经济使扩大生产规模的厂商的生产成本、产品价格下降，生产相同产品而规模不变的其他国内外厂商因此被淘汰。因此，在存在规模经济的某一产业部门内，各国将各自专于该产业部门的某些产品的发展，再相互交换（即开展产业内贸易）以满足彼此的多样化需求。

产业内贸易的程度可以用产业内贸易指数来测定：

(1) 沃德恩指数

对产业内贸易水平测度的最初尝试是 1960 年沃德恩(Verdoorn)在研究"比、荷、卢经济联盟"中用某一产业产品 $j$ 的出口 $X_j$ 与相应的进口 $M_j$ 的比例来表示产业内贸易程度。当 $S_j = X_j/M_j$ 的值接近于 1 时，表明贸易结构为产业内贸易；若数值远离 1，则表明贸易结构为产业间贸易。

(2) 巴拉萨指数

1966 年，巴拉萨(Balassa)在研究欧共体成员国之间的分工与贸易时，最先提出"产业内贸易"这一概念，进而提出巴拉萨指数来测度产业内贸易程度，其公式为：

$$C_i = (X_i - M_i)/(X_i + M_i)$$

式中，$X_i$ 和 $M_i$ 分别表示某国 $i$ 产业的出口值和进口值，$C_i$ 是产业 $i$ 的产业内贸易水平。$C_i$ 的取值在 0 和 1 之间。$C_i$ 越接近于 0，产业内贸易水平越高；$C_i$ 越接近于 1，产业内贸易水平越低。C是所有产业巴拉萨指数的算数平均数,表示该国产业内贸易总体水平的高低。

(3)格鲁贝尔-劳埃德指数

1975年,格鲁贝尔-劳埃德(Grubel&Lloyd)在《产业内贸易:异质产品国际贸易的理论与测度》中指出巴拉萨指数至少存在两大不足:一是指数只是一个简单算数平均数,不能反映每个产业的权重;二是指数没有考虑贸易不平衡的影响。二人由此给出了目前最广泛使用的产业内贸易指数(Intra-Industry trade Index),既GL指数:

$$GL_i = 1 - \frac{|X_i - M_i|}{X_i + M_i}$$

式中,$X_i$和$M_i$是在一定特定时期产业$i$的出口额和进口额。该指数可以取0到1之间的任何值。

当$X_i = M_i$时,$GL_i = 1$,即所有贸易均为产业内贸易。当$X_i = 0, M_i \neq 0$或者$X_i \neq 0, M_i = 0$时,$GL_i = 0$,即表示所有贸易均为产业间贸易。

### 2.2.3 Theory of preference similarity

需求偏好相似理论(theory of preference similarity)是瑞典著名经济学家林德(S. B. Linder)在1961年出版的《贸易与变化》一书中提出的。在该书中,他第一次从需求的角度试图对当代工业国家之间的贸易和产业内贸易进行解释。需求偏好相似理论的主要内容是:

第一,一种产品的国内需求是其能够出口的前提条件,即出口只是国内生产和销售的延伸。各国应当出口那些拥有巨大国内市场的制成品。

第二,影响一国需求结构最主要的因素是平均收入水平,高收入国家对技术水平高、价值较大的高质量商品需求较大,而低收入国家则以低质量商品消费为主。

第三,两国人均收入水平越接近,两国消费偏好越相似,需求结构重叠部分就越大。重叠需求是两国开展国际贸易的基础,两国均可进行同类产品的进口和出口,从而形成产业内贸易。

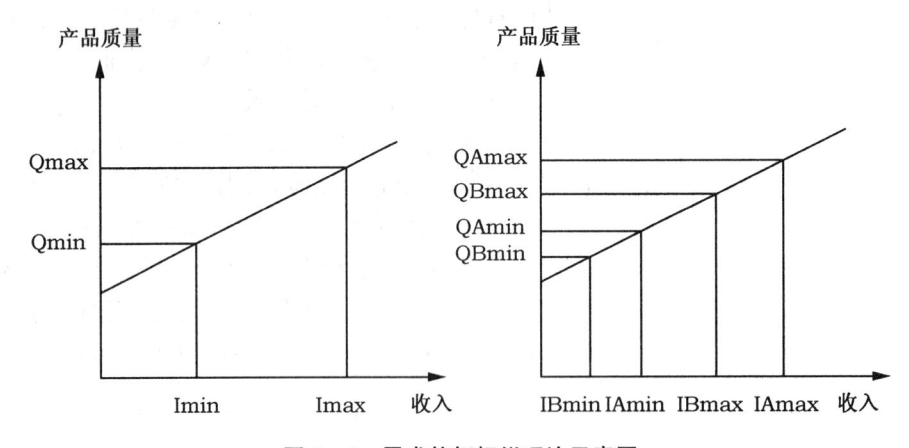

图 2-2　需求偏好相似理论示意图

## 2.2.4　National competitive advantage theory

Michael Porter's National Diamond framework resulted from a study of patterns of comparative advantage among industrialized nations.

美国经济学家迈克尔·波特在其所著的《竞争战略》《竞争优势》《国家竞争优势》三部著作中创立了国家竞争优势理论,分别从微观、中观、宏观角度论述了"竞争力"的问题。波特的国家竞争优势理论指出:一国的竞争优势是企业、行业的竞争优势。国家的繁荣不是固有的,而是创造出来的。一国竞争力高低取决于其产业发展和创新的能力高低。企业因为压力和挑战才能战胜世界强手而获得竞争优势,它们得益于拥有国内实力雄厚的对手、勇于进取的供应商和要求苛刻的顾客。

1. 国家竞争优势的钻石模型

波特认为,一国在某一行业取得全球性成功的关键在于四个基本要素:生产要素,需求状况,相关及支撑产业,以及企业的战略、结构与竞争。这四个基本要素连同两个辅助因素(机遇与政府)共同决定一国是否能够创造一个有利于产生竞争优势的环境。国家经济优势的钻石模型如图2-3所示:

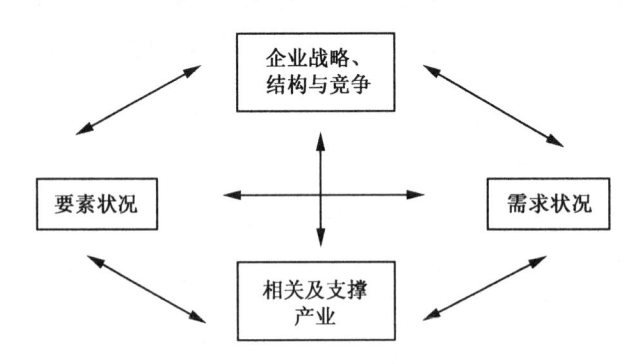

图 2-3　国家竞争优势钻石模型

It works to integrate much of Porter's previous work in his competitive five forces theory, his value chain framework as well as his theory of competitive advantage formed into a consolidated framework that looks at the sources of competitive advantage from the national context.

It can be used both to analyze a firm's ability to function in a national market, as well as analyze a national market's ability to compete in an international market.

(1)生产要素

根据生产机制与所起的作用,生产要素可以分为基本要素与高级要素。前者包括自然资源、气候、地理位置、非熟练劳动力等先天拥有或不需要花费太大代价便能得到的要素。后者则指需要通过长期投资或培育才能创造出来的要素,如高科技、熟练劳动力等。波特认为,虽然"要素禀赋决定了比较优势",但是对于竞争优势而言,高级要素却是最为重要的。因为它们是取得"高级比较优势"的关键。一国基本要素不足,可以通过高级要素获得补偿。例如,劳动力不足可以用生产自动化来解决。但是,如果在高级要素上处于劣势,则无法用其他方式予以有效弥补。在强调要素重要性的基础上,波特又指出,虽然要素状况在贸易类型中十分重要,但这并不是竞争力的唯一源泉,最为重要的是一国不断创造、改进和调动其他生产要素的能力,而不是要素的初始禀赋。

(2)需求状况

波特认为,在促进企业持续竞争力方面,最重要的是市场的特征,而不是市场的大小。国内需求大,有利于促进竞争,形成规模经济。若国内消费者特别挑剔,要求复杂且品位较高,则会促使企业提高产品质量和服务水平,从而取得竞争优势。

(3)相关及支撑产业

相关产业是指共用某些技术、共享同样的营销渠道和服务而联系在一起的产业或互补性产业。如计算机和计算机软件、空调和压缩机等。而支撑产业则是指某一产业的上游产业,它主要向其下游产业供应原材料、中间产品。一个发达的、完善的相关及支撑产业,有利于提高产品质量、降低产品成本,通过密切的工作关系、与供应商的接近、及时的产品供应和灵便的信息交流,能够促进企业的科技创新,形成良性互动,进而获得并保持比较优势。

(4)企业战略、结构与竞争

企业战略、结构与竞争是指资助或妨碍企业创造和保持竞争力的国内环境。企业的战略与结构将直接影响企业在国际市场中的竞争力。而国内企业的竞争在短期内可能会损失一些资源,但从长远看则是利大于弊。而政府应当为社会创造一种公平的竞争环境,激烈的竞争会迫使企业不断提高生产效率,以取得竞争优势。

2. 国家竞争优势的发展阶段

波特认为,一国竞争优势的发展可分为四个阶段:

(1)要素推动阶段。该阶段的竞争优势主要取决于一

　　　　　　　国的要素禀赋优势,即拥有廉价的劳动力和丰富的资源。
　　　　　　　（2）投资推动阶段。该阶段的竞争优势主要取决于资本的优势。大量的投资可更新设备、扩大规模、增强产品竞争力。
　　　　　　　（3）创新推动阶段。该阶段的竞争优势主要来源于研究与开发。
　　　　　　　（4）财富推动阶段。在此阶段,创新竞争意识明显下降,经济发展缺乏强有力的推动力。

## Summary

1. The principle of absolute advantage refers to the ability of a party to produce a greater quantity of a good, or service than competitors, using the same amount of resources.

2. Ricardo suggested that there is mutual national benefit from trade even if one country is more competitive in every area than its trading counterpart and that a nation should concentrate resources only in industries where it has a comparative advantage.

3. The Hechsher-Olin Theory holds that a country will have a comparative advantage in the good that uses the factor with which it is heavily endowed.

4. The product life-cycle theory suggests that early in a product's life-cycle all the parts and labor associated with that product come from the area where it was invented. After the product becomes adopted and used in the world markets, production gradually moves away from the point of origin.

5. Intra-industry trade is trade among countries with similar factor endowments and in commodities with similar factor intensities.

6. Michael Porter's National Diamond framework resulted from a study of patterns of comparative advantage among industrialized nations.

## Exercises

**一、名词解释**

绝对优势　　绝对优势理论　　比较优势　　比较优势理论　　要素禀赋理论　　要素丰裕度
要素密集度　　里昂惕夫之谜　　产品生命周期理论　　产业内贸易理论　　国家竞争优势理论

**二、选择题**

1. 国际贸易理论的创始人是（　　　）。
 A. 大卫·李嘉图　　　B. 亚当·斯密　　　C. 赫克歇尔　　　D. 巴拉萨

2. 如果A国使用同样数量的时间比B国生产更多同种商品Z,那么A国在商品Z的生产上（　　　）。
 A. 绝对不利　　　B. 相对有利　　　C. 具有绝对优势　　　D. 具有相对优势

3. 需求偏好相似理论中,影响需求结构的主要因素是（　　　）。
 A. 一国的富裕程度　　　　　　B. 国民生产总值
 C. 人们的偏好　　　　　　　　D. 人均收入

4. 从同类异质产品的角度解释现代国际贸易的理论是（　　）。
A. 技术差距说　　　　　　　　　　B. 产业内贸易理论
C. 人力资本说　　　　　　　　　　D. 偏好相似理论

5. 要素禀赋理论认为，如果一国是劳动力丰裕的国家，那么该国应该专业化生产（　　）产品来获取国际贸易的比较优势。
A. 劳动密集型　　　　　　　　　　B. 资本密集型
C. 技术密集型　　　　　　　　　　D. 资源密集型

### 三、简答题

1. 一位脑科医生同时又是打字最快的人，请用比较优势理论解释他是否应该为自己的诊所聘请一名打字员。
2. 产业内贸易产生的原因是什么？
3. 什么是里昂惕夫之谜？可以从哪几个方面来解释里昂惕夫之谜？
4. 产业内贸易和产业间贸易的基础各是什么？这两种贸易有何异同？

# Chapter Three
# International Trade Policy and Its Development

# 第三章
# 国际贸易政策发展及演变

国际贸易政策的历史演变经历了重商主义贸易政策、自由贸易政策、保护贸易政策和当代保护贸易政策等。而发达国家和发展中国家贸易政策的发展也呈现出不同的发展脉络。要求了解各个时期国际贸易政策演变历程及其发生背景；掌握各种贸易主张的合理性和不合理性；能分析当今主要国家的贸易政策特点。

思考：
1. 什么是重商主义？
2. 什么是自由贸易政策？
3. 什么是贸易保护政策？
4. 国际收支双顺差是什么意思？

## Learning target:
1. What is mercantilism?
2. What are free trade policy and protective trade policy?
3. What are import substitution policy and export orientation policy?

## Key words:

| | |
|---|---|
| international trade policy | 国际贸易政策 |
| free trade policy | 自由贸易政策 |
| protective trade policy | 保护贸易政策 |
| super protective trade policy | 超贸易保护政策 |
| managed trade | 管理贸易 |
| fair trade | 公平贸易 |
| import substitution policy | 进口替代政策 |
| export orientation policy | 出口导向政策 |

## 3.1 What is international trade policy?

International trade policy is a general term of foreign trade policies of all countries.

Foreign trade policy is the policy implemented in import and export trade of a country in a certain period of time, it is a part of a country's overall economic policy.

国际贸易政策(international trade policy)是各国对外贸易政策的概括总称,在各国经济发展中起着重要的作用,它已成为国际贸易环境的重要组成部分。而一国的对外贸易政策(foreign trade policy)是该国在一定时期内对进口贸易和出口贸易所实行的政策,是一国总的经济政策的组成部分,是为该国经济基础和对外政策服务的。一国的对外贸易政策会随该国经济实力变化以及该国在世界经济中的地位变化而变化的,但其主要目的总是为了保护本国市场,扩大本国产品的出口市场,促进本国产业结构的改善,服务本国对外政策。国际贸易政策的主要内容包括:

1. 各国对外贸易总政策

各国对外贸易总政策是各国从整个国民经济出发,根据本国经济发展整体状况及在世界经济中的地位而制定的、在较长时期内实施的贸易政策。比如在某一时期实施贸易保护政策,而在另一时期实施较为开放的自由贸易政策。它是各国对外经济发展的基本政策,是整个对外贸易政策的立足点。

2. 进出口贸易政策

进出口贸易政策是各国在对外贸易总政策的基础上,根据经济结构和国内外市场的供求状况而对商品货物进出口制定的政策。比如关税的制定、非关税限制的设定及实施。

3. 国别政策

国别政策是各国依据对外贸易总政策及对外政治经济关系需要而制定的国别和地区贸易政策。它是各国在不违反国际规范的前提下,对不同的经济联盟、国家及地区采取的不同的外贸策略和措施。如对不同的经济联盟或国家规定差别关税或差别优惠待遇等。

## 3.2 Historical development of international trade policy

从 15 世纪地理大发现时代开始,国际贸易进入了迅速发展的阶段。在国际贸易实践中,一国对外贸易政策受到本国在国际分工体系中的地位以及本国商品在国际市场上的竞争力等多种因素的影响,因而同一个国家在不同时期往往实施不同的对外贸易政策,而不同国家在同一时期也往往实施不同的对外贸易政策。

## 3.2.1 The mercantilism

Mercantilism was an economic theory and practice that was dominant in Western Europe during the 15th to the mid-17th centuries.

Mercantilism is a form of economic nationalism. Its goal is to enrich and empower the nation and state to the maximum degree by acquiring and retaining as much economic activity as possible within the nation's borders.

Manufacturing and industry was prioritized. Mercantilism sought to ensure the nation produce as much volume and variety of output as possible, so as to limit its dependence upon foreign suppliers.

重商主义是15~17世纪欧洲国家信奉的经济思想及学说的统称。15~17世纪是欧洲资本主义原始积累时期，资本主义生产关系开始萌芽和成长。大规模海外掠夺和国际贸易成为早期西欧国家进行原始资本积累的重要手段。当时的地理大发现不仅扩大了世界市场，而且极大地刺激了各国商业、航海业、工业的发展，共同推动了世界贸易的发展。当时西欧封建专制集权国家，运用国家的力量支持商业资本的发展，积极推行干预对外贸易的措施，采取严厉的贸易保护的做法，重商主义成为代表商业资本利益和要求的重要经济理论思想。

重商主义以财富观为理论基础，认为货币是一国财富的根本，一切经济活动的最终目的是积累财富，也就是积累货币。而获取财富的途径则是对外贸易顺差。因此重商主义强调通过国家对对外贸易的"奖出限入"——增加本国商品的输出，限制外国商品的输入，或"多卖少买"，追求贸易顺差使货币流入国内，增加国家财富和实力。

重商主义本质上是贸易保护主义，经历了"货币差额论"和"贸易差额论"两个阶段。"货币差额论"把国内货币积累、防止货币外流视为对外贸易政策的指导原则，认为国家采取行政手段，直接控制货币流动，禁止金银输出，保持对外贸易顺差就能使国家财富增加。其主要代表人物有英国的约翰·海尔斯和威廉·斯坦福德等。"贸易差额论"反对国家限制货币输出，因为这会遭到其他国家的报复，最终使本国贸易减少或消失，无法实现财富积累。认为对外贸易能使国家富足，但必须谨守出口贸易总额保持顺差的原则。其主要代表人物有英国的托马斯·孟。

重商主义的经济政策除了前述的"货币政策"、"奖出限入政策"外，还有"保护关税政策"及"发展本国工业政策"。"保护关税政策"在重商主义早期便开始实施，到晚期已成为扩大出口、限制进口的重要手段之一。这种政策主张对进口的制成品课以重税，使进口商品价格提高，竞争力减弱从而达到限制进口的目的。对进口的原材料和出口的制成品则减免关税，以支持和鼓励本国制成品的生产和出口。重商主义者认为，保持贸易顺差的关键在于本国能够多出口竞争力强的工业制成品，因此主张通过控制本国产业发展和对劳动力的流动进行管制以使本国生产产品在国际市场上保持很强的竞争力，这就是"发展本国工业的政策"。具体措施有：通过对企业免税、补贴或赋予特权增强本国工业的竞争力;禁止熟练技工外流和机器设备输出,建议推行低工资;等等。

## 3.2.2 Free trade policy

Free trade is a policy followed by some international markets in which countries' governments do not restrict imports from, or exports to, other countries.

18世纪中叶至19世纪末,资本主义进入自由竞争时期。在资本主义的经济基础上要求建立适合工业资产阶级利益的自由贸易政策。自由贸易政策是指国家取消对进口商品的限制和障碍,取消对本国出口商品的各种特权和优待,使商品自由地进出口,在国际市场上自由、公平地竞争。

1. 英国的自由贸易政策

英国是最早实行自由贸易政策的国家。19世纪,英国最先完成了工业革命,成为最强大的国家。1850年,英国的工业产量占世界30%,同时又是最大的殖民帝国,版图占地球陆地面积的1/4。此时,一方面,英国"世界工厂"地位得以确立和巩固,产品具有强大的竞争力;另一方面,由于生产力的极大提高,英国需要向世界市场销售工业制成品,这就决定了英国必须冲破国内贸易保护的限制,要求国内外放松对贸易活动的限制,积极推行自由贸易政策。英国自由贸易政策的措施主要有:

(1)废除《谷物法》

《谷物法》是英国在重商主义时期为了保护本国地主阶级利益制定的用关税限制谷物进口,保护本国粮食价格处于较高水平的法规,经过长期斗争,该法规在1846年得以废除,工业资产阶级从中获得降低粮价、降低工资水平的利益,被视为英国自由贸易的最大胜利。

Free trade policies generally promote the following features:
Trade of goods without taxes (including tariffs) or other trade barriers (e.g., quotas on imports or subsidies for producers).
Trade in services without taxes or other trade barriers.
The absence of "trade-distorting" policies (such as taxes, subsidies, regulations, or laws) that give some firms, households, or factors of production an advantage over others.
Unregulated access to markets.
Unregulated access to market information.

(2)改革关税制度

1842年,英国进口税目共1 052个,1859年减至419个,1860年减至48个。这就意味着对绝大部分进口商品不予征税,并基本上废除出口税。

(3)签订自由通商条约

1860年英法签订通商条约,之后英意、英荷、英德相继签订通商条约,相互提供最惠国待遇,放弃贸易歧视,意味着英国自由贸易政策在国际上取得胜利。

(4)取消对殖民地贸易垄断

解散特权贸易公司,开放殖民地市场,把殖民地贸易纳入自由贸易体系。

2. 美国的自由贸易政策

20世纪20年代,美国工业生产力比1913年增长了80%。随着工业生产力的提高,美国在国际贸易中的地位也随之提高。但当时世界范围内的贸易保护主义对美国经

> The General Agreement on Tariffs and Trade (GATT) was not a formal international trade body but an international treaty or a multilateral agreement signed by 23 countries in 1947 with efforts mainly from the U.S. and the U.K. It came into force on January 1, 1948.

济发展及世界市场的拓展造成了制约,考虑到自由贸易的巨大收益,美国成为自由贸易的积极倡导者。美国采取自由贸易政策的根本原因在于通过自由贸易体系占领其他国家的市场,吸引全世界最优秀的人才及其他生产要素,从而在竞争中保持领先地位。1934年,美国发布《互惠贸易法》,正式进入推动全球多边自由贸易时期。"二战"后,美国积极参与和推动关贸总协定(GATT)的建立及多边关税减让谈判,试图将全球贸易纳入自由贸易的框架中。自由贸易政策显著地促进了美国经济的发展。"二战"结束后,美国已成为世界第一强国。

"二战"后,日本和西欧为了经济的恢复和发展,放松贸易壁垒,扩大出口。而生产国际化、资本国际化以及跨国公司的迅速兴起,迫切需要一个自由贸易环境以推动商品和资本的流动。于是,这一时期发达资本主义国家的对外贸易政策先后出现了自由化的倾向,各国大幅削减关税以及降低或撤销非关税壁垒。例如,关贸总协定(GATT)缔约国平均最惠国关税下降至5%左右;欧共体实施关税同盟,对内取消关税,对外降低关税,使关税大幅度下降;在发展中国家的努力下,发达国家给予来自发展中国家的制成品及半制成品的进口以普遍优惠制待遇。在非关税壁垒方面,发达国家不同程度放宽了进口数量的限制,扩大进口自由化,增加了进口商品;放宽或取消外汇管制,实行货币自由兑换,促进贸易自由化发展。这一全球贸易自由化的时期一直持续到20世纪70年代中期为止。

### 3.2.3 Protective trade policy

保护贸易政策是国家广泛利用各种措施对进口商品进行限制,保护本国产品在本国市场上免受外国商品的竞争,并对本国出口商品给予优待和补贴。保护贸易政策发端于15世纪重商主义时期,经历了早期、近代、现代及当代几个阶段的历史演变。早期的保护贸易政策就是前述的重商主义。下面分析其他几个阶段的保护贸易政策演变。

1. 自由竞争资本主义时期的保护贸易政策

18世纪至19世纪末,资本主义处于自由竞争阶段。这一时期国际贸易政策的基本格调是自由贸易,但各国的工业发展水平不同,导致美国、德国等在这一时期选择了保护贸易政策。美国最早提出保护贸易政策的是第一任财长汉密尔顿。1776年美国宣告独立。独立之初,由于受英国封锁,国内经济凋敝,产业衰弱。汉密尔顿站在工业资产阶级一边,主张实施保护关税制度,独立自主发展本国工业的

> Protectionism is the economic policy of restraining trade between states (countries) through methods such as tariffs on imported goods, restrictive quotas, and a variety of other government regulations.
>
> There is a broad consensus among economists that the impact of protectionism on economic growth (and on economic welfare in general) is largely negative, although the impact on specific industries and groups of people may be posi-

tive.

The doctrine of protectionism contrasts with the doctrine of free trade, where governments reduce as much as possible the barriers to trade.

保护贸易政策。1791年,汉密尔顿向美国国会递交了《关于制造业的报告》,在报告中阐述了保护和发展制造业的必要性和重要性,极力主张实施保护关税政策,并提出了以加强国家干预为主要内容的一系列措施。德国虽然在19世纪30年代开始工业革命,但直到1848年,还没有建立起自己的机器制造业,工业上仍以工业手工业和小手工业为主,工厂生产的比重很小。在这样的背景下,德国工商业协会顾问李斯特在其1841年出版的《政治经济学的国民经济体系》著作中从民族利益出发,以生产力理论为基础,以意大利、荷兰、英国、西班牙、葡萄牙等国经济兴衰史作为佐证,猛烈抨击古典学派的自由贸易学说,建立了一套以保护贸易关税制度为核心,以幼稚工业为保护对象,为经济落后国家服务的国际贸易学说。

这一时期美国及德国的保护贸易政策就本质上来说主要是为了保护国内羸弱幼稚产业免受强大英国工业品的冲击。政府代表的工业资产阶级为发展本国工业,实行了贸易保护政策。保护的方法主要是建立严格的保护关税制度,通过高关税削弱外国商品的竞争力,同时也采取一些鼓励出口的措施,提高国内商品的竞争力,以达到保护民族幼稚工业的目的。该政策对美国及德国经济发展在一定时期内起到了积极的作用。

2. 资本主义垄断竞争时期超保护贸易政策

从19世纪末到第二次世界大战期间,资本主义处于垄断时期。在这一时期,垄断代替了自由竞争,成为一切社会经济生活的基础。此时,各国普遍完成了工业革命,工业得到迅速发展,世界市场的竞争开始变得激烈。尤其是1929~1933年的世界性经济危机,使市场矛盾进一步尖锐化。于是各国垄断资产阶级为了垄断国内市场和争夺外国市场,纷纷要求实行超保护贸易政策。

超保护贸易政策是一种侵略性的贸易保护政策,与自由竞争时期的保护贸易政策有着明显的区别:(1)它不是防御性地保护国内幼稚工业以增强其竞争力,而是保护国内高度发达或出现衰落的垄断工业,以巩固国内外市场的垄断;(2)保护对象不是一般的工业资产阶级,而是垄断资产阶级;(3)保护手段趋于多样化,不仅仅是高关税,还有其他各种奖出限入的措施。

3. 当代新贸易保护主义

新贸易保护主义是相对于自由竞争时期保护贸易主义而言,形成于20世纪70年代中期。其间,资本主义国家经历了两次石油危机,经济出现衰退,陷入滞胀的困境。经济增长的停滞,造成有效需求锐减,各国把希望维系在获取更大的市场份额上。此外,由于工业国家贸易的不平衡,美国贸易逆差迅速上升,主要工业品如钢铁、汽车、电器等,不仅面临着日本、西欧等国的激烈竞争,甚至面临一些新兴工业化国家的竞争威胁。在这种情况下,美国一方面迫使一些拥有巨额贸易顺差的国家开放市场,另一方面则加强对进口的限制,美国成了新贸易保护主义重要策源地。其他国家纷纷效仿,致使新贸易保护主义蔓延和扩张。

新贸易保护主义以非关税壁垒为主要工具,以陷入结构性危机和具有尖端技术的产品部门为保护的重点,以"公平贸易"为旗号。其政策主要体现在两个方面:一是通过实施奖出限入政策,促进本国出口的扩张和国内生产的扩大,增加本国的税收;二是通过政府增加公共投资,或通过减税鼓励私人投资,以提供更多的就业机会。新保护贸易政策由于具有较强的操作性,颇受西方发达国家的青睐。

### 3.2.4　The characteristics of modern trade policy

进入20世纪90年代以后,西方发达国家逐渐走出经济低谷,其贸易政策也呈现出一些新的特点和趋势。

1. 管理贸易日益成为贸易政策的主导内容

> Managed trade is based on the government's intervention and management of a countries foreign trade through negotiation.
> It was developed on the basis of the new trade protectionism since 1970s. It is different from free trade policy, as well as trade protectionism.

管理贸易是指以政府干预为主导,通过磋商谈判对本国进出口贸易和全球贸易关系进行干预和管理的一种国际贸易体制。它是20世纪70年代以来在新贸易保护主义基础上发展起来的。既有别于纯粹的自由贸易政策,也不同于完全的贸易保护主义。管理贸易的主要目的在于既争取本国对外贸易的利益所得,又在一定程度上兼顾他国的利益,达成双方或多方均能接受的贸易折中方案,以限制贸易摩擦或矛盾带来的破坏,共同担负维护国际经贸关系相对稳定的责任。在美国的示范和推动下,"管理贸易"已逐渐成为西方发达国家基本的对外贸易制度。各国更加强调政府积极介入对外贸易的作用,而管理贸易所涉及的商品种类也逐渐增多,不仅包括劳动密集型产品和农产品,而且包括劳务产品、高科技产品和知识产品等。

2. 转向"公平贸易"和"互惠主义"政策

> Fair trade is a social movement whose stated goal is to help producers in developing countries achieve better trading conditions and to promote sustainable farming.

近些年来,西方发达国家一方面反对贸易保护主义,另一方面又强调贸易的公平性。这种公平贸易,是指在支持开放性的同时,以寻求"公平"的贸易机会为主旨,主张贸易的"互惠"及"公平"。具体原则有:(1)进入市场的机会均等,判定的标准为双边贸易平衡;(2)贸易限制对等,即以优惠对优惠,限制对限制;(3)竞赛规则公平。

### 3. 以非关税壁垒为主要手段

由于经过关贸总协定(GATT)的多轮谈判,发达国家的平均关税已降至较低水平,关税已很难起到保护作用。因此,非关税壁垒在西方各国贸易政策中的作用日益明显。例如,西方国家为抵制发展中国家劳动密集型产品的进口,主要措施是数量限制和"反倾销""反补贴"手段。可以预计,在西方国家的外贸政策中,单纯的关税措施和直接的非关税措施都会相应减少,而新型的更加灵活、更加隐蔽的非关税壁垒会明显增多。

## 3.3 The foreign trade policies of developing countries

从20世纪中叶开始,许多从欧美殖民地独立起来的发展中国家(地区),为了获取经济上的自立,从根本上摆脱对西方发达国家的依附,一直在寻找适合本国国情的对外贸易政策。发展中国家对外贸易政策大致有两种最基本的形式:进口替代政策和出口导向政策。

### 3.3.1 The import substitution policy

Import substitution industrialization (ISI) is a trade and economic policy which advocates replacing foreign imports with domestic production.

ISI is based on the premise that a country should attempt to reduce its foreign dependency through the local production of industrialized products.

ISI works by having the state lead economic development through nationalization, subsidization of vital industries (including agriculture, power generation, etc.), increased taxation, and highly protectionist trade policies.

ISI was gradually abandoned by

进口替代政策是一国采取关税、数量限制或外汇管制等严格的限制措施,限制某些重要工业品的进口,扶持和保护本国有关工业部门发展的政策。发展中国家实施进口替代政策的目的是用国内生产的工业品代替进口产品,以减少本国对国外市场的依赖,促进民族工业的发展。

从20世纪50年代起,许多发展中国家相继实行进口替代政策。从各国实施的政策来看,由于经济水平和所具备的条件不同,这些国家大致可分为两类:第一类国家是在"二战"前就有一定工业基础,一般侧重于先建立耐用消费品工业来替代该类产品的进口;第二类国家由于原有的工业基础比较薄弱,它们的进口替代首先从非耐用消费品入手。

进口替代政策的实施,极大地加快了从殖民地解放出来的发展中国家的工业化进程,并且奠定了发展中国家开始走向工业化的基础。然而进口替代政策具有很大的局限性。在发展中国家独立之初,市场经济不发达,经济结构单一,工业发展水平极低,此时实施进口替代政策,通过对市场进行人为的干预和政府对国内市场强有力的保护,有助于避免国内幼稚产业过早面临外国企业的激烈竞争,促进本国幼稚产业尽快成长。但是,随着进口替代工业化的发展,进口替代政策的局限性就明显表现出来了。具体说,第

developing countries in the 1980s and 1990s due to the insistence of the IMF and World Bank on their structural adjustment programs of global market‐driven liberalization.

一,进口替代工业主要面向国内市场,其发展难免受到国内市场相对狭小的限制,加上一些工业部门生产率低下,生产成本高,在国际市场缺乏竞争力,难以扩大出口,阻碍了进口替代工业的进一步发展。第二,由于该政策着眼于进口替代工业,对基础设施重视不够,特别是忽视农业的发展,严重削弱国家发展后劲,阻碍了国家工业化进程。第三,随着进口替代工业的发展,所需的生产设备和某些原材料的进口也相应增加,使生产设备和原材料的进口也相应增加,其结果不仅不能减少外汇支出、平衡外汇收支,反而导致国际收支恶化。

因此,从20世纪60年代中期以来,一些发展中国家,特别是一些新兴工业化国家日益感到扩大制成品出口的必要性,开始从实行进口替代政策转向出口导向政策,力求以此促进工业化和民族经济的发展。

### 3.3.2　The export orientation policy

出口导向政策是指一国采取各种措施和手段来促进出口工业的发展,用工业制成品和半制成品的出口代替初级产品的出口,促进出口产品的发展多样化,以增加外汇收入,并带动工业体系的建立和经济的持续增长。

Export‐oriented industrialization (EOI) sometimes called export substitution industrialization (ESI). It is a trade and economic policy aiming to speed up the industrialization process of a country by exporting goods for which the nation has a comparative advantage. Export‐led growth implies opening domestic markets to foreign competition in exchange for market access in other countries.

由于各国具体条件不同,实施这一政策的措施和策略也不尽相同。大致来看,发展中国家出口导向政策有三种表现类型:一是拉美国家的做法(如巴西、墨西哥、阿根廷等),它们一般是在进口替代的基础上发展出口导向工业,即把出口导向与进口替代结合起来;二是原来出口初级产品的国家,通过增加初级产品出口的附加值来升级产业,如马来西亚、泰国等;三是"亚洲四小龙",由于它们地域狭小、自然资源贫乏,只能通过承接西方发达国家夕阳产业,充分利用劳动力资源发展劳动密集型的装配加工工业。出口替代政策对一些发展中国家,特别是新兴工业化国家和地区的工业化和工业制成品出口起到了一定的积极作用。20世纪60年代,发展中国家出口年均增长率为6.7%,1970~1980年发展中国家制成品出口总额所占份额从5%增至9.72%。但是,也应看到出口导向政策的局限性。由于该政策的主要目标是促进出口,因此产业严重依赖世界市场。一旦世界市场发生变化,将给这些国家带来严重的影响,特别是20世纪70年代中期以来,发达国家贸易保护主义重新抬头,给依赖制成品出口的发展中国家带来严重影响。

## 3.4　The foreign trade policy of China

### 3.4.1　The trade policy before opening up and reform

从新中国成立到 1978 年间,由于当时的国内外条件,对外贸易并没有成为国民经济活动的一个重要领域。国家执行的是管制的封闭型保护贸易政策。在外贸经营体制上高度集中,以行政管理为主;在调节进出口贸易上主要靠计划、数量限制的直接干预,关税不起主要作用;人民币汇率一直被高估,不参与世界性的经济贸易组织,搞双边贸易。封闭型的保护贸易政策对于抵制"禁运""封锁",顶住外国经济压力起过积极的作用,但同时也带来了许多负面影响。比如对国内企业的过度保护造成企业效率不高,竞争力低下,不能积极参与国际分工,外贸事业发展缓慢等。

### 3.4.2　The trade policy after opening up and reform

1978 年,党的十一届三中全会提出要实行经济改革与对外开放政策,调整经济发展战略,重视对外贸易在经济发展和经济调整中的作用。这一时期我国对外贸易政策调整进程可分为四个阶段:

第一阶段(1979~1986 年)。这一阶段外贸政策的主要内容有:改革外贸管理体制,下放对外贸易经营权;加强和完善宏观调控体系,运用汇率、关税、外汇留成、出口补贴等措施鼓励出口;大幅度减少对进出口管理的指令性计划,而以指导性计划为主,恢复进出口许可证制度。

第二阶段(1987~1990 年)。这一时期外贸政策的主要措施有:在外贸企业中推行承包责任制,开始打破"大锅饭"的财务体制;对出口补贴加以限制;在轻工业、工艺和服装三个外贸行业实行自负盈亏的试点;下放外贸总公司所属的地方分支机构,由当地政府领导,并与地方财政挂钩,设立进出口商品行业协会,协调各公司的进出口业务;取消原有的外汇指标,扩大外汇留成比例和开放外汇调剂市场。

第三阶段(1991~1993 年)。外贸政策改革更适应社会主义经济发展的要求,更便于参与国际分工和国际交换。主要措施是:取消对外贸易出口财政补贴,实行自负盈亏;人民币汇率贬值,并做频繁的小幅度调整;调整出口商品的指令性计划、指导性计划和市场调节的范围,缩减配额和许可证管理商品范围;降低关税总水平。

第四阶段(1994～2000年)。中共十四届三中全会确定我国外贸体制改革的方向是:坚持统一政策、放开经营、平等竞争、自负盈亏、工贸结合、推行代理制。此轮外贸体制改革,作为国民经济体制全面改革的重要组成部分,在广度、深度、力度和难度上都有所突破。(1)改革汇率制度,取消承包。从1994年1月1日起将双重汇率并轨,取消外贸企业承担的上缴外汇和额度管理制度,实行有管理的单一浮动汇率制;外贸出口一律取消外汇留成,实行统一的结汇制;实行银行售汇制,允许人民币在经常项目下有条件地可兑换。(2)进一步改革进出口商品管理制度。规定从1995年12月31日起,取消176个税目的商品进口许可证及进口配额管理。(3)进一步放宽外贸经营权,企业的进出口经营权逐步由审批制向登记制过渡。

### 3.4.3　The trade policy in 21$^{st}$ century

2001年,中国加入WTO。"入世"后的中国,严格遵守WTO协议,甚至在很大范围内超出了大多数发展中国家的承诺。"入世"使得中国对外贸易和外国直接投资得到大幅度的增加。2005年7月21日,我国开始实施以市场供求为基础,参考一篮子货币进行调节,有管理的浮动汇率制度。这一方面促使我国企业提高技术水平,加大产品创新力度,提升核心竞争力,使出口保持较强的整体竞争力。另一方面,汇率浮动为推动产业升级和提高对外开放水平提供了动力和压力,促进出口结构优化和外贸发展方式的转变。2010年6月19日,中国人民银行宣布进一步推进人民币汇率形成机制改革,主动增强人民币汇率弹性。2013年,我国制约外贸回升的阻力依然存在。从国际上看,欧债危机略有缓和,美国经济复苏态势趋于稳定,市场信心和发展预期有所提振。新兴经济体面临的困难较多,全球贸易投资保护主义加剧,世界经济增长、高风险态势没有明显改观。从国内看,随着一系列扩内需、稳外需政策措施逐步落实到位并发挥成效,中国经济运行总体平稳。但经济企稳的基础还不稳固,国内需求增长受到一些体制机制因素的制约,部分行业产能过剩较为突出,企业生产经营仍然面临较多困难。针对严峻复杂的国内外环境,中国对外贸易政策继续着力于稳增长、调结构、促平衡。一方面,确保出台的各项政策措施落实到位,帮助企业克服订单不足、成本上升、摩擦增多等困难,努力将外部环境变化的不利影响降至最低程度,全力以赴稳定外贸增长。另一方面,充分利用市场环境形成的倒逼机制,加快转变外贸发展方式,培育外贸竞争新优势,大力开拓新兴市场,加快建设外贸转型升级基地、贸易促进平台和国际营销网络,增强外贸长远发展后劲。同时,完善进口政策,搭建更多进口促进平台,积极扩大国内短缺的先进技术设备、关键零部件以及部分偏紧商品的进口,促进对外贸易平衡发展。

## Summary

1. International trade policy is a general term of foreign trade policies of all countries. Foreign trade policy is the policy implemented in import and export trade of a country in a certain period of time. It is a part of a country's overall economic policy.

2. Mercantilism is a form of economic nationalism. Its goal is to enrich and empower the nation and state to the maximum degree, by acquiring and retaining as much economic activity as possible within the nation's borders.

3. Free trade is a policy followed by some international markets in which countries' governments do not restrict imports from, or exports to, other countries.

4. Protectionism is the economic policy of restraining trade between states (countries) through methods such as tariffs on imported goods, restrictive quotas, and a variety of other government regulations.

5. Fair trade is a social movement whose stated goal is to help producers in developing countries achieve better trading conditions and to promote sustainable farming.

6. Managed trade is based on the government's intervention and management of a countries foreign trade through negotiation.

7. Import substitution industrialization (ISI) is a trade and economic policy which advocates replacing foreign imports with domestic production.

8. Export-oriented industrialization (EOI) is a trade and economic policy aiming to speed up the industrialization process of a country by exporting goods for which the nation has a comparative advantage.

## Exercises

### 一、名词解释
国际贸易政策    自由贸易政策    保护贸易政策    超保护贸易政策    管理贸易
公平贸易    进口替代    出口导向

### 二、简答题
1. 比较保护贸易主义、超贸易保护主义和新贸易保护主义。
2. 各国制定对外贸易政策的目的是什么?

# Chapter Four
# Instrument of International Trade Policy: Tariffs
# 第四章
# 国际贸易政策工具:关税

据彭博社 2015 年 11 月 4 日报道称,美国商务部将对进口自中国的部分耐蚀钢征收高达 236% 的关税,这一税率是根据其所获知的中国政府补贴而确定的。耐蚀钢是不锈钢的一种,比常规不锈钢具有更好的耐腐蚀性,广泛应用于造船、航空航天、石油化工等行业。

美国商务部称其初步调查发现,鞍钢集团香港有限公司、宝钢集团、河北钢铁集团、常熟科弘材料科技有限公司、邯郸钢铁集团这五家中国出口商所获得的政府补贴比例高达 235.66%。此外,烨辉(中国)科技材料有限公司等其他企业亦获得了 26.26% 的补贴。

美国政府认定,这对美国钢铁业造成了实质性损害。因此,美国海关边境保护局将按照指示,根据这些公司所获补贴比例来要求它们缴纳关税。道琼斯消息称,此决定立即生效,如果明年 1 月做出的最终裁决也赞成征税,那么这一关税将实施 5 年。

资料来源:整理自搜狐新闻网站 http://news.sohu.com/2015-11-05/n425360343.shtml。

思考:为什么美国要对中国耐蚀钢征收高达 236% 的关税?征收关税后对中国未来钢铁出口会造成什么的影响?

## Learning target:

1. Describe the policy instruments used by governments to influence international trade flows.
2. Understand why governments sometimes intervene in international trade.
3. Understand the concept of tariffs and the types of tariffs.
4. The effect of tariffs on world trade.
5. Understand the concept of the tariff level and the nominal rate of protection.

## Key words:

| | |
|---|---|
| revenue tariff | 财政关税 |
| protective tariff | 保护关税 |
| transit duties | 过境税 |

| | |
|---|---|
| import surtax | 进口附加税 |
| anti-dumping duty | 反倾销税 |
| countervailing duty | 反补贴税 |
| emergency tariff | 紧急关税 |
| penalty tariff | 惩罚关税 |
| specific tariff | 从量税 |
| ad valorem (on the value) tariff | 从价税 |
| ordinary custom duty | 普通税 |
| most-favored nation duty | 最惠国税 |
| generalized system of preference (gsp) | 普惠制 |
| preferential duty | 特惠税 |
| nominal rate of protection (nrp) | 名义保护率 |
| effective rate of protection (erp) | 有效保护率 |

## 4.1 What is tariff?

### 4.1.1 What is instruments of trade policy

Instruments of trade policy are the laws and regulations made by government to intervene international trade.

Trade policy uses two main instruments: tariff barriers and non-tariff barriers. Non-tariff barriers include import quota, "voluntary" export restrain, import license system, foreign exchange control, advanced deposit, minimum price, internal taxes, state monopoly, discriminatory government procurement policy, customs procedures, technical barriers to trade and so forth.

国际贸易政策工具是指各国政府用于干预国际贸易开展的相关法律、法规及政策。这些政策工具主要可以分为两大类：一类是关税壁垒措施；另一类是非关税壁垒措施，主要包括补贴、进口配额、"自愿"出口限制、进口许可证制、外汇管制、进口押金制、最低限价制和禁止进口、国内税、进出口的国家垄断、歧视性政府采购、海关程序、技术性贸易壁垒等。

作为最早和最简单的国际贸易政策措施，关税也是一直以来被GATT（关贸总协定）和WTO（世界贸易组织）成功限制的政策措施。近几十年来伴随着关税壁垒的降低，非关税壁垒的数量却在增加，如补贴、配额、"自动"出口限制和反倾销等措施的使用。

### 4.1.2 Tariff

Tariff, as the term is used in international trade, is a tax on importing a good or service into a country, usually collected by customs official at the place of entry. Compare to other taxes, there are two characteristics of a tariff:

关税是一国海关对越过该国关境的进出口商品向进出口商征收的一种税收。关税是国际贸易政策实施过程中最常见、最有效的措施。

海关负责征收关税，并执行国家有关进出口的政策、法令和规章，对进出本国的货物实行货运监督和走私稽查。海关征收关税的领域称为关境。一般来说，一国的关境与国境是一致的。但也有例外，当一国在国境内设有自由港、

firstly, the tax base is the import and export goods, the taxpayer is the importer and the exporter; secondly, the tax burden can be transferred, which makes tariff become an important method for a country to implement the foreign trade policy.

自由贸易区、保税区等免税领域时,该国的国境大于关境。当有些国家结成关税同盟,即参加同盟的国家在领土基础上合成统一的关境,做到对内免关税,对外统一征收关税时,对同盟内的成员国而言,国境就小于关境。随着当今各国对外开放程度的提高和区域经济一体化的发展,关境与国境不一致已成为较普遍的现象。

关税是国家税收的一种,因此与其他税种一样,具有强制性、无偿性和固定性的特点。它是国家财政收入的重要组成部分之一,税款由海关直接缴入国库。同时,它也有区别于其他税种的特点:第一,关税的征税对象是进出口货物,纳税人为进出口商;第二,由于关税是间接税,税收负担的可转嫁性使得关税成为一国实施对外贸易政策的重要手段。

## 4.2 Classification of tariff

现代国际贸易中,关税种类繁多,按照不同的标准可以进行如下分类。

### 4.2.1 As purpose of tariff

1. Revenue tariff

Revenue tariff is collected for the purpose of raising government revenues and it may imposed on either export or import.

There are two main factors that have impact on revenues, the tax rate and the amount of import and export goods.

财政关税是指以增加国家财政收入为目的而征收的关税。很多国家早期关税的征收目的都是为了增加政府的财政收入。如美国联邦政府成立之初,关税收入占政府总收入的90%以上。而影响财政关税收入的两个主要因素是税率和进出口商品的数量。通常在确定税率时,需要考虑税率高低对进出口数量的影响。例如:为了增加收入而大幅提高进口税率,会使本国进口商品价格变高从而减少进口商品的数量;同理,出口税率的提高,同样会使出口产品数量减少。当商品的进出口数量减少幅度超过关税税率提高的幅度时,关税收入也将减少,增加财政收入的目的也就很难实现,所以财政关税的税率一般不会定得很高。

现代,随着各国经济的发展、税收来源的增多,关税收入在财政收入中所占比重已明显下降。如20世纪80年代,美国关税收入的比重已经降至1%左右。

2. Protective tariff

Protective tariff is levied for protecting domestic production and market. The tax rate of a protective tariff normally higher than other tariffs, and the higher tax

保护关税是为了保护本国生产和市场而征收的关税。通常保护关税的税率都较高,且税率越高,保护程度越强。在商品进口过程中征收保护关税,就意味着进口商品的价格将大幅提高,从而削弱进口商品在本国市场的竞争力。保护关税主要针对工业制成品的进口,因为这类商品的大量进口

rate the stronger protection is.

会抢占本国同类进口替代行业商品在国内的销售市场。

## 4.2.2 As abject of tariff or the direction of commodities

### 1. Import duty

进口税是指进口商品进入一国关境时或者从自由港、出口加工区、保税仓库进入国内市场时,由该国海关根据海关税则对本国进口商所征收的一种关税。进口税又称正常关税或进口正税。

Import duty is a tax levied on import by the customs authorities of a country to raise state revenue, and/or to protect domestic industries from more efficient or predatory competitors from abroad.

进口税是保护关税的主要手段。通常所说的关税壁垒,实际上就是对进口商品征收高额关税,从而提高其售价,进而削弱其竞争力,起到限制进口的作用。从有效保护本国生产能力和经济发展的角度出发,一国通常会对不同商品制定不同的税率。通常,进口税税率会随进口商品加工程度的提高而提高,即工业制成品税率最高,半制成品次之,原材料等初级产品税率最低甚至免税。同时,进口国会对不同商品实行差别税率,对于国内紧缺而又急需的生活必需品和机器设备给予低关税或免税,而对于国内能大量生产的商品或奢侈品则征收高关税。另外,出于政治经济关系的需要,一国也会对来自不同国家的同一种产品实行差别税率。

### 2. Export duty

出口税是出口国家的海关在本国产品输往国外时,对出口商所征收的关税。目前大多数国家对绝大部分出口商品都不征出口税。因为征收出口税会抬高出口商品的成本和其在国外的售价,不利于扩大出口。目前世界上仅有少数国家征收出口税。

Export duty is the tax levied on export by the customs authorities of a country. Nowadays most of the countries are no longer collect the export duty. Because it will raise the cost and the price of export goods in foreign market.

一国征收出口税的主要目的如下:

第一,增加财政收入。通过对本国资源丰富、出口量大的商品征收出口税来达到增加财政收入的目的。一般出口税税率不会定得太高,因为当一种商品的单位出口税额增加时,被纳税的商品出口数量就会下降,税收收入先增加,当达到一个最大值时便开始下降。因此,理论上说,存在一个能获取最大出口收入的关税,就像理论上存在着一个最大进口关税收入一样。

第二,为了不影响本国正常生产秩序,对出口的原材料征税,增加国外商品的生产成本,从而加强本国产品的竞争力。为达到保护本国生产与消费的目的,而对出口的原材料征收的出口税税率通常都比较高,在极端情况下,甚至可能征收禁止性关税。例如,瑞典、挪威对于木材出口征收较高的关税,以保护其纸浆及造纸业。

第三,控制与调节某些商品的出口流量,以保持在国外市场上的价格优势,防止盲目"贫困地增长"。如果国内生产要素增长过快使得出口产品迅速增加,就有可能产生贫困化增长。这种增长不但会恶化贸易条件,甚至会使一个国家的经济状况恶化。此时,通过出口税控制出口,有助于防止出口增加导致效益下降的情况发生。如果这是一个大国,那么征收出口税以控制出口数量,就会迫使国际市场价格上涨,从而改善该国的贸易条件。

第四,为了防止跨国公司利用"转移定价"逃避或减少在所在国的纳税,向跨国公司出口产品征收高额出口税,维护本国的经济利益。

我国历来采用鼓励出口的外贸政策,但同时也会对极少数商品征收出口税,来控制一些商品的出口流量。目前被征收出口税的商品主要有生铁、铁合金、有色金属等,出口税率从10%~40%不等。

3. Transit duty

Transit duty is the tax levied on transit by the customs authorities of a country, which means the country is neither importer nor exporter. It only provides transit service as one of the methods for raising revenue. According to the principle of "free transit" in GATT (General Agreement on Tariffs and Trade), most countries collect a small amount of visa fee, stamp duty, registration fee and so on.

过境税又称通行税,是一国海关对通过其关境,再转运到第三国的外国货物所征收的关税,其主要目的是增加国家财政收入。过境税欧洲各国在重商主义时期较多采用这一税种。随着资本主义的发展,交通运输业的不断进步,各国在货运方面的竞争愈发激烈。由于过境货物对本国和市场没有太大影响,所以到19世纪后半期,各国相继废除了过境税。第二次世界大战后,关贸总协定规定了"自由过境"的原则。目前,大多数国家对过境货物只征收少量的签证费、印花费、登记费等。

### 4.2.3 As purpose of surtax

Import surtax is a tax levied on top of import duty. A import surtax can be calculated as a percentage of a certain amount or it can be a flat dollar amount. Import surtax is generally assessed to fund a specific government program. It only levies on certain country and product for coping with balance of payment crisis, keeping balance between import and export, preventing foreign goods

进口附加税是进口国海关对进口的外国商品在征收进口正税之外,出于某种特定的目的而额外加征的关税。进口附加税不同于进口税,在一国的海关税则中不会出现,也不像进口税一样受到世界贸易组织的严格约束而只能降低,其税率的高低通常依据征收的目的而定。进口附加税是一种临时性的特定措施,又称特别关税。其实施的目的主要有:应付国际收支危机,维持进出口平衡,防止外国产品低价倾销,对某个国家实行歧视或报复等。一般来说,对所有进口商品进口征收进口附加税的情况较少出现,大多数情况是针对个别国家和个别商品征收进口附加税。此类

dumping, discriminating or retaliating certain country and so forth. There are five types of import surtax, including anti-dumping duty, countervailing duty, emergency tariff, penalty tariff and retaliatory tariff.

Anti-dumping duty is a penalty imposed on suspiciously low-priced imports, to increase their price in the importing country and so protect local industry from unfair competition.

Anti-dumping duties are assessed generally in an amount equal to the difference between the importing country's FOB (Freight On Board) price of the goods and (at the time of their importation) the market value of similar goods in the exporting country or other countries, also known as the constructed value.

Countervailing duty is the tariff levied on imported goods to offset subsidies made to producers of these goods in the exporting country. If the duty left unchecked, such subsidized imports can have a severe effect on domestic industry, forcing factory closures and causing huge job losses.

As export subsidies are considered to be an unfair trade practice, the World Trade Organization (WTO) has detailed procedures in place to establish the circumstances under which countervailing duties can be imposed by an importing nation.

进口附加税主要有反倾销税、反补贴税、紧急关税、惩罚关税和报复关税五种。

1. Anti-dumping duty

反倾销税是由进口国海关针对出口国的恶性商品倾销行为征收的进口附加税。即当出口国的倾销行为对进口国同类产品的生产和销售造成严重损害或重大威胁时，进口国出于保护本国同类产品和市场，抵制出口国的商品倾销行为所征收的关税。所谓倾销，是指以低于本国国内市场价格或低于正常价格，在其他国家进行商品销售的行为。进口国政府为了保护本国产业免受外国商品低价倾销的冲击，很有可能对实施倾销的商品征收反倾销税。在对倾销行为的认定方面，各国通常会把重点放在对"正常价格"的解释和判断上。而这里的"正常价格"一般是指以下三种情况：一是相同产品在出口国用于国内消费时在正常情况下的可比价格。二是相同产品在正常贸易情况下向第三国出口的最高可比价格。三是产品在原产国的生产成本加上合理的推销费用和利润构成的结构价格。近年来，反倾销呈扩大化趋势，一些发达国家常利用反倾销来限制发展中国家的产品出口。按照世界贸易组织《反倾销协议》规定，对进口商品征收反倾销税必须满足三个必要条件：一是倾销存在；二是倾销对进口国国内的同类产业造成实质性的损害或实质性的损害威胁；三是倾销进口商品与所称损害之间存在因果关系。经过进口国政府的充分调查，确定某种进口商品符合上述征收反倾销税的条件，方可征收反倾销税。

2. Countervailing duty

反补贴税又称抵消税或补贴税，是指因出口国对出口商给予直接或间接的补贴，造成进口国同类产品的重大损失和威胁时，由进口国海关征收的一种进口附加税。征收反补贴税需要具备两个条件：一是进口产品在生产、制造、加工、买卖、输出过程中接受现金或其他补贴，不管这种补贴是来自政府还是同业公会；二是这种进口产品对进口国同类产品造成重大损失或威胁。征收反补贴税的目的是要抵消该商品所获得的补贴，减除其危害，所以征收的税收一般为商品得到的补贴数额。在国际贸易体系和关税与贸易总协定中，通常认为对商品采取补贴方式是不公平的，是违反自由竞争原则的行为。因此，反补贴税被视为进口国抵制不公平贸易的正当措施。

Emergency tariff is an import surtax collected for preventing the injury and threaten to the import substitution products from importing large number of competing products in a short term. After the emergency, has been relieved, customs authorities must stop collect the emergency tariff, in order to avoid the tariff retaliation from other countries.

Penalty tariff is an import surtax levied on the import when exporters violate the agreement sighed with importing country, or act against the import procedures. It possesses the nature of punishment.

Retaliatory tariff is an import surtax collected for retaliating the unfair treatment from other countries on domestic commodity, shipping, enterprise and intellectual property right. If the unfair treatment is eliminated, customs authorities will stop levy on the retaliatory tariff.

3. Emergency tariff

紧急关税是为消除外国商品在短期内大量进口对国内同类产品生产造成重大损害或威胁时所征收的一种进口附加税。短期内大量外国商品的涌入，一般的正常关税已经难以起到有效的保护作用，因此要借助税率较高的特别关税来限制进口，保护国内生产。如美国汽车制造商曾因日本汽车大量涌入美国市场而要求政府加征此类关税。由于紧急关税是在紧急情况下征收的，所以是一种临时性的关税。当紧急情况缓解后，紧急关税必须撤除，以免受到他国的关税报复。

4. Penalty tariff

惩罚关税是指出口国某商品违反了与进口国之间的协议，或者未按照进口国海关规定办理进口手续时，由进口国海关向该商品进口征收的一种临时性的进口附加税。这种关税具有惩罚和罚款性质。如20世纪80年代，日本半导体元件出口商因违背了与美国达成的自动出口限制协定，被美国征收了100%的惩罚关税。另外，惩罚关税有时也会被作为贸易谈判的手段。如美国在与他国进行贸易谈判时，就经常扬言若谈判破裂就要向对方课征高额惩罚关税，以此来逼迫对方让步。这在美国政治经济实力鼎盛时期较为有效，但随着世界经济全球化、多极化的发展，这样的行为会越来越容易招致他国的报复。

5. Retaliatory tariff

报复关税是指一国为报复他国对本国商品、船舶、企业、投资和知识产权等方面的不公平待遇，对从该国进口的商品所征收的进口附加税。通常在对方消除了不公正待遇时，报复关税也会相应取消。但是如同惩罚关税一样，报复关税也容易引起他国的反报复，最终导致关税战。美国与欧盟曾就农产品的补贴问题发生过此类关税战。

进口附加税的征收主要是弥补正常关税的财政收入和保护作用的不足。我国于1997年3月25日颁布了《中华人民共和国反倾销和反补贴条例》，使我国的反倾销、反补贴制度化、规范化。此后，能更有效地利用反倾销税和反补贴税来抵制外国商品对我国低价倾销，进而保护我国同类产品的生产和市场。

### 4.2.4 As taxation base

**1. Specific tariff**

从量税是以进口或出口货物的重量、数量、长度、容量和面积等计量单位为标准计征的关税。从量税的计算公式为：

$$从量税税额 = 货物计量单位数 \times 从量税率$$

以重量为单位征收从量税时需要注意,在实际应用中各国计算重量的标准各不相同,一般采用毛重、半毛重和净重。毛重(gross weight)是指商品本身的重量加内外包装材料在内的总重量。半毛重(demi-gross weight)是指商品总重量扣除外包装后的重量。净重(net weight)则是指商品本身的重量,不包括内外包装材料的重量。

采用从量税计征的优点是手续简便,在计征过程中不需要审定货物的规格、品质、价格,便于计算。缺点是税负不合理,如同一税目的货物,不管质量好坏、价格高低,均按同一税率征税,税负相同。因而对质劣价廉进口物品的抑制作用较大,不利于低档商品的进口,对防止外国商品低价倾销或低报进口价格有积极作用；对于质优价高的商品,税负相对减轻,关税的保护与财政收入作用相对减弱。另外,税额不能随价格变动做出相应调整。当国内物价上涨时,税额不能随之变动,使税收相对减少,保护作用削弱；物价回落时,税负又相对增高,不仅影响财政收入,而且影响关税的调控作用。

在各国工业生产还不十分发达、商品品种规格简单、税则分类也不太细的一个相当长的时期里,不少国家对大多数商品使用过从量税。"二战"之后,随着各国通货膨胀的不断恶化和工业制成品贸易比重的加大,继续征收从量税已起不到关税保护的作用,因此,各国纷纷放弃了完全按从量税计征关税的方法。目前完全采用从量税的国家仅有瑞士一个。

**2. Ad-valorem tariff**

从价税是以进口或出口商品的价格为标准计征的关税,其税率表现为货物价格的百分比,计算公式如下：

$$从价税额 = 完税价格 \times 从价税率$$

商品价格越高,从价税的保护作用越强。在既定税率下,其税额随商品价格的变动而变动。

公式中,完税价格是指经海关审定作为计征从价税的货物价格,它是决定税额多少的重要因素。各国完税价格的确定方法不同,大致分为三类：第一类是以装运港船上交

Specific tariff is stipulated as a money amount per unit of import (or export), such as dollars per ton of steel bars, or dollars per eight-cylinder two-door sports car. The formula is as follow:

Specific tariff = unit × amount per unit import (or export)

Ad valorem (on the value) tariff is a percentage of the estimated market value of the goods when they reach the importing country or leave the exporting country. The formula is as follow:

Ad-valorem tariff = dutiable value × ad-valorem rate

货价格(FOB,Free on Board)为计征标准;第二类是以成本加保险费加运费(CIF,Cost,Insurance and Freight)为计征标准;第三类是以进口国官定价格(即法定价格)为计征标准。

现在大多数国家规定"正常价格"为完税价格。正常价格是指正常贸易过程中,充分竞争条件下某一商品或相同商品的成交价格。如果进口商品发票中载明过的价格与正常价格一致,就以发票价格作为完税价格;如果发票价格低于正常价格,则根据海关估算价格作为完税价格。

### 3. Mixed duty

Mixed duty is a tax levied on import both in ad-valorem tariff and specific tariff.

混合税又称复合税(compound duty),是对某一种商品同时采用从量和从价两种标准征收关税的一种方法。按从量税和从价税在混合税中的主次关系,一般分为两种情况:一种是以从量税为主加征从价税。如过去美国在对提琴征收每把 21 美元的从量税之外,另加征 6.7% 的从价税。另一种是以从价税为主加征从量税。如日本曾经对鞋征收 30% 的从价税,另加 4 300 日元的从量税。这种征税标准欧共体、美国、挪威等均使用过,但近年来由于受国际统一的新估价法规的约束和国际协定对关税的约束,多数国家已不再使用。

## 4.2.5  As preferential condition of tariff

### 1. Ordinary custom duty

Ordinary custom duty is a tax levied on importing goods with general tariff rate. It often adopted by countries without signing any reciprocal trade policies. The tax rate of ordinary custom duty is the highest among all the import duties collected by countries around the world. It is also known as the discrimination duty.

普通关税是采用普通税率进行征收的关税,适用于没有签订任何互惠贸易条约的国家(地区)的商品进口。第二次世界大战后,大多数国家加入了关税与贸易总协定,相互提供最惠国待遇。因此,成员国的正常进口税通常就是最惠国税。目前仅有少数国家对极少数(一般是非建交)国家的出口商品实行普通税的征收,大多数国家只是将其作为其他优惠税的减税基础。因此,在当今征收的所有关税中,对同类商品的征税,普通税税率是最高的,被称为歧视性关税。

### 2. Most-favored-nation duty

Most-favored nation duty refers to the import duty adopted by nations who recognize the Most Favored Nation treatment clause. A Most Favored Nation clause is a level of status given to one country by another and enforced by the World Trade Organization.

最惠国税是一个国家为了发展与特定国家的经贸关系,缔结最惠国待遇条款的贸易协定,给予对方比普通关税低的关税待遇。所谓最惠国待遇(most-favored-nation treatment,MFNT)是指缔约国各方实行互惠,凡缔约国一方现在和将来给予任何第三方的一切特权、优惠和豁免都同样适用于对方。最惠国税比普通税率要低,且税率差幅较大,如美国进口银首饰最惠国税是 27.5%,普通税率是

A country grants this clause to another nation if it is interested in increasing trade with that country. Countries achieving most favored nation status are given specific trade advantages such as reduced tariffs on imported goods.

The principle of Generalized System of Preference (short for GSP) was agreed at the United Nations Conference on Trade and Development (UNCTAD), and is a facility granted to developing countries ("beneficiary countries") by certain developed countries ("donor countries"). The preferential treatment is non-reciprocal.

For example, in USA, the Generalized System of Preferences (GSP) is a trade program designed to promote economic growth in the developing world by providing preferential duty-free entry for up to 4 800 products from 129 designated beneficiary countries and territories. GSP was instituted on January 1, 1976, by the Trade Act of 1974. The GSP program has effective dates which are specified in relevant legislation, thereby requiring periodical re-authorization to remain in effect. GSP expired on July 31, 2013, and was most recently reauthorized on June 29, 2015 (effective July 29, 2015) for a period of two and a half years. The relevant legislation permits retroactive extension of GSP benefits.

There are three principles of GSP.

110%。最惠国待遇是双向的,当一国停止或取消给对方最惠国待遇时,自己所享受的最惠国待遇也随之取消。由于世界大多数国家都加入了世界贸易组织,或通过个别谈判签订了双边最惠国待遇条约(如"入世"之前的中美贸易),因而这种关税税率实际上已成为正常的关税税率。但最惠国税并非是最优惠的进口税,在最惠国待遇中规定的例外条款,如在缔结关税同盟、自由贸易区或有特殊关系的国家之间规定更优惠的关税待遇时,最惠国待遇不适用。

3. Generalized system of preference custom duty

普惠税是发达国家向发展中国家提供的优惠税率。它是在最惠国税率的基础上实行减税或免税,通常按最惠国税率的一定百分比征收,并且不是互惠的,而是单向的。因此,享受普惠制待遇往往能促进发展中国家的出口。

普遍优惠制(generalized system of preference,简称GSP)又称普惠制,是指工业发达国家对发展中国家或地区出口的制成品和半制成品给予普遍的、非歧视的、非互惠的关税制度。

普惠制是发展中国家经过长期斗争后获得的胜利成果。1968年第二届联合国贸易与发展会议上通过了建立普惠制的决议,1971年7月,欧洲共同市场首先制定普惠制方案,开始实施。随后,28个国家先后实行普惠制,其中市场经济国家22个,计划经济国家6个。享受普惠制待遇的有170多个发展中国家和地区。实行普惠制的国家,在各自提供普惠制计划方案时对受惠国和受惠商品做了规定。一是受惠的国家和地区。普惠制原则是对所有发展中国家和地区实施的一视同仁、无歧视、无例外的关税优惠待遇。但在执行的过程中不少给惠国会从各自利益出发,设置障碍,阻碍这一原则的实行。美国在公布普惠制方案时,公开宣称,某些社会主义国家、石油输出国组织成员国家不在美国的受惠国之列。二是受惠商品和范围的规定。普惠制的原则是对所有发展中国家和地区的制成品和半制成品普遍给予关税减免的优惠。而实际上,各给惠国公布的受惠名单中,农产品很少,工业制成品的优惠较多,但一些竞争激烈的发展中国家有一定优势的产品如纺织品、鞋类及一些皮革制品却不在受惠商品之列。三是受惠商品减税幅度的规定。受惠商品减税幅度的大小取决于最惠国税率与普惠制税率之间的差额,农产品的减税幅度小于工业制成品的减税幅度,有些工业制成品甚至可以免税,但大多数是发展中国家很少出口的产品。四是给惠国的保护措施规定。给惠国在接受普惠制原则时就规定了保护措施以保护

Firstly, the industrialized countries give this treatment to all the manufactured or semi-manufactured goods from the less developed countries (short for LDCs). Secondly, the industrialized countries give this treatment to all LDCs without discrimination. Thirdly, the LDCs do not have to grant the same special treatment to the goods imported from developed countries.

自己的利益。通常包括：免责条款（即当受惠商品进口量增加对本国生产者造成或即将造成重大损害时，给惠国保留完全或部分取消关税优惠待遇的权利）；预定限额（对给惠商品预先规定限额，超过限额的进口不享受普惠制待遇）；竞争需要标准（即对来自受惠国的某种进口商品，如超过当年所规定的限额，则取消下年度该种商品的关税优惠待遇）。20世纪70年代开始，美国等给惠国又提出一种名曰"毕业条款"的保护措施，即认定一种受惠商品已具备某种市场竞争力，对同类商品构成威胁时，宣布该商品"毕业"，从而失去优惠关税的待遇。五是对原产地的规定。普惠制的实施是为了鼓励受惠国发展工业，因此对产品产地有严格的规定标准。一般包括原产地标准（rule of origin）、直接运输规则（rule of direct consignment）及原产地证书（certificate of origin）等。

4. Preferential duty

Preferential duty is a tax levied on the entire or part of the imports that an importing country offers to a certain country or area. The preferential custom duty rate is lower than the Most Favored Nation custom duty rate. And it only applies to the certain developing countries and areas in Africa, Caribbean and Pacific Ocean Area, who signed the Lome Convention with EU (European Union). It provides both reciprocal and non-reciprocal custom duty in the Lome Convention.

特惠税是指一国对来自某个国家或地区的全部或部分进口商品，给予特别优惠的减免税待遇。其税率低于最惠国税率，只适用于特定国家或地区的商品，非优惠国或地区不得引用最惠国待遇条款享受这种税率。特惠税可以是互惠的，也可以是非互惠的。目前实行特惠税的主要是欧盟向非洲、加勒比海和太平洋地区发展中国家单方面提供特惠的《洛美协定》。该协定于1975年签订，1979年和1985年两次续订，并于1989年修订后确定最终版，也使得受惠的国家和地区从最初的46个增加到69个。

《洛美协定》在关税方面的优惠主要有三点：一是欧盟对来自上述国家和地区的工业品全部给予免税优惠；二是对96%的农产品免税；三是不要求这些发展中国家给予反向优惠。这是目前世界上商品享受范围最广、免税程度最高的一种特别优惠的关税，还包括放宽部分非关税壁垒。当然也有严格限制受惠出口国"免检进入"欧盟国家市场的条款，包括允许欧盟单方面中止任何一项特许权的条款。现在还将环境和资源保护、人口政策等广泛地纳入欧洲与其他国家的合作中。

## 4.3 The economic effectiveness of tariff

### 4.3.1 Nominal rate of protection

Nominal tariff is the tax collected on the imports under the customs

名义关税是指一国海关依据海关税则中对某种进口商品规定的关税税率所征收的关税。对进口商品征收关税，

tariff schedule. And the Nominal rate of protection is the difference between a certain goods' domestic price and its importing price, divided by its importing price times 100%.

提高了其国内市场价格,降低了其竞争力,从而保护本国同类产品的生产,其价格提高部分与国际市场价格的比率,就是关税保护率,又称名义保护率(nominal rate of protection,简称 NRP)。名义关税具有相对稳定性,当其他条件不变时,名义关税的税率越高,其保护本国市场和同类产品的作用越大。用公式表述为:

名义关税保护率＝[(进口货物国内价格－自国外进口价格)/自国外进口价格]×100%

在各国征收关税的实践中,法定税率与根据商品国内外价格差额计算的名义关税保护率往往存在差别,这是因为在制定法定税率时,除价格外,还要考虑国内外货币汇率的对比、供求关系、国内税收和消费者的偏好等其他因素,但这些因素是很难用数字计算的。

在实践中,影响进口商品国内外价格差的因素很多,除关税外,还有进口许可证、配额、外汇管制等,都可能使同一商品在国外市场形成不同的价格。因此,NRP 是这些保护措施或影响因素共同形成的对国内生产的保护率。但是考虑到关税是国际贸易中传统的、主要的保护手段,通常假定关税是唯一的保护措施,从而一国进出口税则中的某种商品的法定税率常常被认为是该国的 NRP。严格地说,后者应称为名义关税保护率,即通常所说的名义关税。

### 4.3.2 Effective rate of protection

Effective tariff is the tax levied on the value-added part of a product. It represents the effective protection degree of domestic products. The effective rate of protection, short for ERP, refers to the ratio between the value-added part of a product under protection and the value-added part of the same product under free trade, indicated in the formula as follow:
ERP=[(V′−V)/V]×100%.

有效关税是指对某个工业单位产品"增值"部分征收的关税,代表着关税对本国同类产品的真正有效保护程度。在关税水平普遍下降的条件下,通过降低初级产品的名义关税,在降低关税平均水平的同时,仍然可以对加工制造业实行较高的保护,因此,有效保护率(effective rate of protection,简称 ERP)又称实际保护率,是指关税给被保护产业的生产过程带来的价值增值的增加量与自由贸易条件下增值的百分比,用公式表示为:

$$ERP=[(V'-V)/V]\times 100\%$$

式中,V′为保护贸易条件下被保护产业生产过程的增值,V 为自由贸易条件下该生产过程的增值。

例如,在自由贸易条件下,一双皮鞋和生产皮鞋所需的皮革的国际价格分别为 200 美元和 150 美元,因此其国外加工增值的部分为 50 美元(200－150)。现在对皮鞋征收 10% 的进口税,对皮革免税,则皮鞋的国内价格提高到了 220 美元,保护关税使国内加工制造皮鞋的附加价值增加为 70 美元(220－150)。因此,对皮鞋的有效保护率为

40%[(70－50)÷50×100%],而其名义税率却为10%。由此可见,对最终产品的实际保护程度要高于名义保护程度。

区分名义保护率与实际保护率,对于研究一国的关税结构是否合理有重要的现实意义。分析二者的区别后可知:当制成品进口名义税率高于原材料进口名义税率时,有效保护率高于名义税率。当制成品进口名义税率等于原材料进口名义税率时,有效保护率等于名义税率。当制成品进口名义税率低于原材料进口名义税率时,有效保护率低于名义税率,甚至出现负的有效保护率。

由上述推论可知,对原材料进口征收的名义税率低于制成品的名义税率时,对国内生产的制成品有效保护越强;反之则越弱。超过一定界限就会出现副作用。因此,以出口工业制成品为主的工业发达国家对原材料的初级产品的进口就会征收较低关税,对半制成品征收适中的关税,对制成品进口征收较高关税。考察一国对某商品的保护程度时,不仅要注意商品的关税税率,还要考察对其各种投入品的关税税率,即对关税结构进行考察。

## Case study

### 与关税相关的案例

**案例介绍**

CASE: The debate on "Most Favored Nation Clause"

During the Clinton presidency, congressional representatives heartily debated the merit of granting most favored nation status (MFN) to China and Vietnam. Proponents of granting MFN status argued that a reduction in tariffs on Chinese and Vietnamese goods would give the American consumer access to quality products at relatively low prices, and would serve to enhance a mutually beneficial trade relationship with the two rapidly developing economies.

Meanwhile, opponents argued that granting MFN status to the two nations would be unfair given their history of human rights violations. Others thought that the inflow of cheaper goods from the China or Vietnam could put some Americans out of work.

Question: Does the Most Favored Nation Clause granting to China and Vietnam deprive some Americans' work opportunity?

**案例分析**

In the short term, many cheaper goods import from China and Vietnam may cause a sale decline of the goods made by American domestic producers. Thus, some American in these industries may lose their jobs, due to the sale's decrease. But in a long run, the cheaper goods make all the consumers in America lower their cost of living, which is a good news for all the producers in America. Because they may get more profit with lower labor cost.

## Summary

1. Instruments of trade policy are the laws and regulations made by government to intervene international trade.

2. A tariff, as the term is used in international trade, is a tax on importing a good or service into a country, usually collected by customs official at the place of entry.

3. Import surtax is a tax levied on top of import duty. A import surtax can be calculated as a percentage of a certain amount or it can be a flat dollar amount.

4. Anti-dumping duty is a penalty imposed on suspiciously low-priced imports, to increase their price in the importing country and so protect local industry from unfair competition.

5. Countervailing duty is the tariff levied on imported goods to offset subsidies made to producers of these goods in the exporting country.

6. Retaliatory tariff is an import surtax collected for retaliating the unfair treatment from other countries on domestic commodity, shipping, enterprise and intellectual property right.

7. A specific tariff is stipulated as a money amount per unit of import (or export).

8. The ad-valorem (on the value) tariff is a percentage of the estimated market value of the goods when they reach the importing country or leave the exporting country.

9. Mixed duty is a tax levied on import both in ad valorem tariff and specific tariff.

10. Ordinary custom duty is a tax levied on importing goods with general tariff rate.

11. Most-favored nation duty refers to the import duty adopted by nations who recognize the Most Favored Nation treatment clause.

12. The principle of Generalized system of Preference (short for GSP) was agreed at the United Nations Conference on Trade and Development (UNCTAD), and is a facility granted to developing countries ("beneficiary countries") by certain developed countries ("donor countries").

13. Preferential duty is a tax levied on the entire or part of the imports that an importing country offers to a certain country or area.

14. Nominal tariff is a tax collected on the imports under the customs tariff schedule.

15. Effective tariff an ad-value tax levied on the value-added part of a product.

## Exercises

一、选择题（以下每题至少有一个正确答案）

1. 进口国在遇到（   ）时可以征收进口附加税。
   A. 出口补贴　　　B. 进口增加　　　C. 国际收支危机　　　D. 商品倾销

2. 通常一国海关对某种商品的进口征收最惠国税，其税率比同类商品的（   ）。
   A. 特惠税率高　　B. 普惠税率低　　C. 普惠税率高　　　D. 特惠税率低

3. 进口关税中的正常关税一般是指（   ）。
   A. 普通税　　　　B. 普惠税　　　　C. 最惠国税　　　　D. 特惠税

二、简答题

1. 征收反倾销税的条件是什么？

2. 普惠税与最惠国税的区别和联系有哪些？
3. 一国为什么要征收出口税？
4. 什么是保护关税？

# Chapter Five
# Instrument of International Trade Policy：
# Non-Tariff Barriers
# 第五章
# 国际贸易政策工具:非关税壁垒

**欧盟检出中国茶叶"新型污染物"**

  2016年开年以来,有关欧盟检出中国输欧茶叶中出现新型污染物的事件持续发酵,再次刺激中国食品安全与环境污染的敏感神经。同时,欧盟正在酝酿一项针对来自中国茶叶的强制性标准,即规定茶叶中高氯酸盐的含量应在合理限值之下。目前欧盟考虑的限量是750微克/千克。据称,这已经是一个相对"宽松"的标准要求,欧洲食品安全局(EFSA)的评估报告建议是550~580微克/千克。从EFSA的报告中来看,这一"新型污染物"很可怕,但细细分析之后,欧盟的这一做法却可能另有原因。

  事实上,高氯酸盐并不是茶树种植和茶叶加工过程中的"非法添加",因为它对茶叶的生产与品质毫无意义。目前各界也并不清楚茶叶中的高氯酸盐从何而来。环境中的高氯酸盐大部分来源于人类的活动,比如水的消毒副产物、工业生产,以及火箭燃料、爆竹、军火等,只有很小一部分来自自然因素,比如闪电和臭氧。

  高氯酸盐对人体健康的影响主要是抑制甲状腺对碘的吸收,进而扰乱新陈代谢。不过,与其他污染物一样,它对健康的影响取决于剂量。

  2011年,世界卫生组织(WHO)和联合国粮农组织(FAO)联合发布了高氯酸盐的风险评估结果,并制定了其"安全摄入量",即每天每公斤体重不超过10微克。对于一个体重60公斤的人,相当于每天摄入600微克。

  按照欧盟考虑的限量标准,假设一个人每天用10克茶叶,那么高氯酸盐的摄入量也不会超过10微克——这只相当于"安全摄入量"的几十分之一。

  根据这一评估结果,人们从茶叶中摄入的高氯酸盐不会"超标",也不会带来健康风险。

  高氯酸盐的确是一种污染物,希望它的摄入量尽可能地低本无可厚非。但是,考虑到它在茶叶中的含量、茶叶的日常消费量以及"安全剂量",设定一限量标准并没有食品安全上的必要性。欧盟的举动,更像是为了贸易需要而设置的一个壁垒。

  资料来源:整理自新浪网 http://finance.sina.com.cn/china/gncj/2016-01-31-doc-ifxnzanh0411353.shtml。

  思考:为什么欧盟要针对中国茶叶中的"新型污染物"制定新的强制性标准?这一标准如

果实施会对中国出口到欧盟的茶叶产生怎样的影响？

## Learning target:

1. Understand why governments apply non-tariff barriers.
2. Understand how to use each type of non-tariff barriers.
3. Understand the characteristics of non-tariffs.
4. The effect of non-tariffs barriers on world trade.

## Key words:

| | |
|---|---|
| non-tariff barriers | 非关税壁垒 |
| import quota | 进口配额 |
| import license | 进口许可证 |
| voluntary export restraint | 自愿出口限制 |
| advance deposit | 进口押金制 |
| state monopoly | 国家垄断 |
| government procurement | 特许政府采购 |
| minimum price | 最低限价 |
| internal taxes | 国内税 |
| foreign exchange control | 外汇管制 |
| custom procedures | 海关程序 |
| technology barriers to trade | 技术性贸易壁垒 |

## 5.1 What is non-tariff barriers?

The non-tariff barrier is a form of restrictive trade where barriers to trade are set up and take a form other than a tariff. Non-tariff barriers include quotas, levies, embargoes, sanctions and other restrictions, and are frequently used by large and developed economies. There are four features of the non-tariff barrier: effectiveness, concealment, discriminatory and flexibility.

非关税壁垒泛指一国政府为了调节、管理和控制本国的对外活动而采取的除关税以外的各种行政性、法规性措施和手段的总和。

非关税措施是贸易保护政策的主要手段。它始于20世纪70年代，经过多年的演化发展，到20世纪90年代以后变得更加隐蔽、更加灵活，以至于很难区分其保护是否合理。与关税措施相比，它具有以下特点：一是有效性。关税措施主要是通过影响价格来限制进口，而非关税措施主要是依靠行政机制来限制进口，因而它能更直接、严厉、有效地保护厂商的利益。二是隐蔽性。与明显提高关税不同，非关税措施既能以正常的海关检验要求和进口有关的行政规定、法令条例的名义出现，也可以巧妙地隐蔽在具体执行过程中而无须做出公开规定，人们往往难以清楚地辨识和有力地反对这类政策措施，增加了降低贸易保护的复杂性和艰巨性。三是歧视性。一些国家往往针对某个国家采取相应的限制性非关税措施,进一步强化了非关税壁垒的差别性和歧视性。四是灵活性。关税是通过一定立法程序制定的具有一定连续性的贸易政策,在特殊情况下做灵活性调整比较困难。而制定和实施非关税壁垒措施,通常可根据需要,运用行政手段做必要的调整,具有较大的灵活性。因此,非关税壁垒已逐步取代关税措施,成为各国所热衷采用的政策手段。

## 5.2　Types of non-tariff barriers

非关税壁垒主要包括以下几类:

### 5.2.1　进口配额(Import quotas)

The import quota is a limit on the quantity of certain goods that can be produced abroad and sold domestically. It is a type of protectionist trade restriction that sets a physical limit on the quantity of certain goods that can be imported into a country in a given period of time. If a quota is put on certain goods, less of it will be imported. Quotas, like other trade restrictions, benefit the domestic producers at the expense of all the consumers in importing country.

Absolute quotas limit the quantity of certain goods that may enter a country's border during a specific period. Once the quantity permitted under an absolute quota is filled, no further goods entries or withdrawals from warehouse. There are three types of absolute quotas. If the quota is offered by certain country for all the other countries' export, it is called global quota. If the quota is delivered by countries' difference, it is named country quota. And if it is offered to importers, it is called importer quota.

进口配额是一国政府在一定时期内对某种商品进口数量或金额所加的直接的限制。在规定的期限内,配额内的商品可以进口,超过配额的不准进口,或者对其征收高额关税或罚款后才能进口。进口配额一般又分为以下两类:

1. 绝对配额(Absolute quotas)

绝对配额是一国在一定时期内对某种商品的进口数量或金额所规定的最高数额,达到这个数额后,该商品便不允许进口。在实践中,绝对配额又分为全球配额、国别配额和进口商配额。

(1)全球配额(Global quotas)

全球配额是适用于世界范围的配额,对来自任何国家或地区的商品一律适用。全球配额关注的是进口数额,而不是商品的来源地。全球配额的发放是主管当局按进口商的申请先后或过去某一时期的进口实际金额批给一定的额度,直至总额发放完毕,没有配额就不允许进口。

(2)国别配额(Country quotas)

国别配额是在总的配额内按国别或地区分配给固定的配额,超过配额不准进口。由于在发放配额时,具有强烈的国别差异,因此又将其称为歧视性配额。为了区分来自不同国家和地区的商品,在进口商品时规定进口商必须提交原产地证明书。通常国别配额又分为自主配额(autonomous quotas)和协议配额(agreement quotas/Bilateral quotas)。自主配额又称单方面配额,由进口国家完全自主地、单方面规定在某一时期内从某个国家或地区进口某种商品的限额,无须征求输出国家的同意。自主配额的发放一般根据某国过去某些年份的输入实际情况,按一定比例确定新的进口数量或金额。由于各国、各地区所得配额会有差异,因此,容易引起一些国家和地区的报复。协议配额又称双边配额,是由进口国同出口国政府或民间团体之间协商确定的配额。如果协议配额是由双方政府协议订立的,则需要在进口商或出口商中进行分配;如果配额是双方的民间团体达成的,应事先获得政府许可才能执行。与自主配额不同,协议配额是通过双方协商而定,不易造成出口方的反对与报复,相对容易执行。

（3）进口商配额(Importer quotas)

进口商配额是针对某些进口商品实行的配额。进口国为了加强垄断资本主义在对外贸易中的垄断地位和进一步控制某些商品的进口,将某些商品的进口配额在少数进口厂商之间进行分配。

2. 关税配额(Tariff quotas)

Tariff quotas permit a specified quantity of imported merchandise to be entered at a lower rate of duty during the quota period. Within the quota period, there is no limitation on the amount of merchandise that can be imported into certain country. But if the imports excess the quota limitation during that period, the imports must face a higher duty rate.

关税配额是指对商品进口的绝对数额不加限制,而对在某一时期内进口的在规定的配额以内的商品给予低税、减税或免税待遇,而对超过配额的进口商品则征收高额关税或附加税。关税配额按商品的来源,可分为全球关税配额和国别关税配额;按征收关税的目的,可分为优惠性关税配额和非优惠性关税配额。优惠性关税配额对配额内进口的商品可给予较大幅度的关税优惠甚至免税,超过配额的进口商品则征收原来的最惠国税率;非优惠性关税是对配额内的进口商品仍征收原来的进口税,超过配额的进口商品征收极高的附加税。

进口配额制是目前使用最广的非关税壁垒措施之一,通常被用作贸易谈判时向对方施加压力的重要手段。

## 5.2.2 "自愿出口限制"(Voluntary export restraint)

The voluntary export restraint (VER) is a trade restriction on the quantity of a good that an exporting country can export to another country. This limit is self-imposed by the exporting country. Typically, VER is a result of requests made by the importing country to provide a measure of protection for its domestic businesses that produce substitute goods. VER is often created because the exporting countries would prefer to impose their own restrictions than risk sustaining worse terms from tariffs and/or quotas. The most notable example of VER

"自愿"出口配额制是指出口国或地区在进口国的压力或要求下,"自愿"规定在一定时期内(3～5年)对本国某些商品出口的限制,在限定的配额内自动控制出口,超过配额就禁止出口。

与进口配额不同,"自愿"出口配额是出口国对商品的出口进行限制,这种"自愿"是在进口国的压力下做出的承诺。进口国会以商品大量进口造成本国工业部门的严重损伤和市场混乱为由,要求有关出口国出口实行"有序地增长",否则单方面强制限制进口。因此,"自愿"出口限制与绝对进口配额措施一样,都会起到限制商品进口的作用。

"自愿出口协定"一般分为以下两类:

一类是非协定的自动出口限制(Non agreement auto-is when Japan imposed a VER on its auto exports into the U.S. because of American pressure in the 1980s. The VER subsequently gave the U.S. auto industry some protection against a flood of foreign competition.

However, there are ways in which a company can avoid a VER. For example, the exporting country's company can always build a manufacturing plant in the country to which exports would be directed. By doing so, the company will no longer need to export goods, and should not be bound by its country's VER.

An import license is a document issued by a national government authorizing the importation of certain goods into its territory. Import licenses are employed (1) as means of restricting outflow of foreign currency to improve a country's balance of payments position; (2) to control entry of dangerous items such as explosives, firearms, and certain substances; or (3) to protect the domestic industry from foreign competition. See also import restrictions.

Each license specifies the volume of imports allowed, and the total volume allowed should not exceed the quota. Licenses can be sold to importing companies at a competitive price, or simply a fee. However, it is argued that this allocation method provides incentives for political lobbying and bribery. Government may put certain restrictions on what is impor-ted as well

matic export quota),是出口国在进口国的压力下,被迫自行规定出口配额,限制商品的措施。配额一般由政府相关部门予以公布,出口商必须申请配额,领取出口授权书或出口许可证才能输出。有时也会由本国大的出口厂商或协会来"自愿"控制出口。

另一类是协定的自动出口限制(self-restraint agreement/orderly marketing agreement),是指由进出口双方通过谈判签订"自限协定"或"有秩序销售协定",在协定中规定出口的配额,出口国实行出口许可证货物出口配额签证制,自愿限制这些商品的出口,由进口国根据海关统计进行检查。目前各种"自限协定"或"有秩序销售协定"的内容不尽相同,一般包含配额水平、自限商品分类、限额的融通、保护条款、出口管理规定、协定期限等。

### 5.2.3 进口许可证制(Import license system)

进口许可证制度是指国家规定某些商品的进口必须得到批准,领取许可证后方能进口的措施,是一种凭证进口的制度。许可证通常与配额、外汇管理等结合使用。

进口许可证与配额结合方式主要为有定额的进口许可证和无定额的进口许可证两种。有定额的进口许可证一般先由国家制定商品的进口配额,再根据配额的限度,根据进口商的申请对每一笔进口货物发给进口商一定数量和金额的进口许可证。一旦配额用完,进口许可证也就发放完毕。

另外,根据对来源国有无限制来看,进口许可证可以分为公开一般许可证(open general license)和特种许可证(special license)。公开一般许可证又称自动进口许可证,对进口国别没有限制,属于这类许可证的商品,只要进口商填写公开一般许可证后就可以进口。这类商品事实上就是"自由进口"的商品,填写许可证只是为了履行报关手续,供海关统计和监督需要。而特种许可证又称非自动进口许可证,进口商因此必须向政府机构提出申请,经严格审查批准后方可进口。这种许可证大多规定进口国别和地区,以此来贯彻国别地区政策。

中国对于进口许可证的统一归口管理行政机构是对外经济贸易合作部许可证管理局。自1979年改革开放以来,伴随着对外贸易体制改革,为了加强对进出口货物的控制,国务院于1979年决定恢复对进出口商品的许可证制度。自此,外经贸部已先后多次对实施进口许可证管理的商品范围予以调整。根据外经贸部和海关总署于2001年12月20日

as the amount of imported goods and services.

Foreign exchange controls are types of controls that governments put in place to ban or restrict the amount of foreign currency or local currency that is allowed to be traded or purchased.

Common foreign exchange controls include banning the use of foreign currency and restricting the amount of domestic currency that can be exchanged within the country.

These controls allow countries more economic stability by limiting the amount of exchange rate volatility due to currency inflows or outflows. The International Monetary Fund has a provision called article 14, which only allows countries with transitional economies to employ foreign exchange controls.

Discriminatory government procurement policies are also called buy-national policies. Government are major purchasers of goods and services. One estimate is that government purchases of products that could be traded internationally amount to close to one-tenth of all product sales in the industrialized countries.

Government procurement practices can be a non-tariff barrier to imports if the purchasing processes are based against foreign products, as they often are. In many countries governments normally

发布的《2002年进口许可证管理商品目录》,2002年实行进口许可证管理的商品共12种,总计170个8位商品编码。

### 5.2.4　外汇管制(Foreign exchange control)

外汇管制是指一国政府为平衡国际收支和维持本国货币汇率而对外汇进出实行的限制性措施。这是一国政府通过法令对国际结算和外汇买卖进行限制的一种限制进口的国际贸易政策。实行外汇管制后,进口商和消费者由于无法自由兑换外汇,自然也就没有能力来自由进口了。

外汇管制可分为数量管制和成本管制。前者是指国家外汇管理机构对外汇买卖的数量直接进行限制和分配,通过控制外汇总量达到限制出口的目的;后者是指,国家外汇管理机构对外汇买卖实行复汇率制,利用外汇买卖成本的差异,调节进口商品结构。

### 5.2.5　歧视性的政府采购政策(Discriminatory government procurement policies)

歧视性的政府采购政策又称"购买国货政策"(buy-national policies),是指一些国家通过法令或虽无法令明文规定,但实际上要求本国政府机构在招标采购时必须优先购买本国产品,从而导致对外产品歧视与限制的做法。

20世纪30年代美国大萧条以来,在凯恩斯经济思想的影响下,各国政府在经济中的干预程度在不断加深。政府采购作为一种能在短期内增加社会总需求的方法,逐渐成为一国政府经济增长和进行贸易保护的重要手段之一。歧视性政府采购的做法一般包括:优先购买本国产品和服务;强调产品与服务中的国产化程度;偏向国内企业的招标;直接授标;等等。

很多国家都有类似的法规和条例来实施歧视。例如,美国从1933年开始实行的《购买美国货物法案》(Buy American Act)。英国限定通信设备和电子计算机要向本国的公司采购。日本也有几个省规定,政府机构需用的办公设备、汽车、计算机、电缆等不得采购外国产品,而在没有此

wield their purchases as a policy tool, favoring domestic over foreign suppliers. By doing so, they aim to return tax money to domestic residents, create more jobs at home, and reduce imports.

类规定的省也会通过缩短外商竞标时间和不宜被察觉的双重标准来增加外商投标的难度。希腊政府在招标过程中,也会使用模糊的商品和服务分类来增加国外竞标者的投标难度,在选择中标人的过程中也会显示出对希腊本地公司和其他欧盟国家公司的偏爱。

### 5.2.6　Minimum price

最低限价是指一国政府规定某种进口商品的最低价格,凡进口货价低于规定的最低价格,则征收进口附加税或禁止进口,以达到限制低价商品进口的目的。

Minimum price means a government set a minimum price for importing certain goods. Any import price of the certain goods is lower than the minimum price, the imports will be levied import surtax or prohibit entry.

禁止进口一般是指一国通过颁布法令,公布禁止进口商品货单,禁止这些商品的进口。我国自2005年起禁止进口的商品有:各种武器、仿真武器、弹药及爆炸物品;伪造的货币及伪造的有价证券;对中国政治、经济、文化、道德有害的印刷品、胶卷、照片、唱片、影片、录音带、录像带、激光视盘、计算机存储介质及其他物品;各种烈性毒药;鸦片、吗啡、海洛因、大麻以及其他能使人成瘾的麻醉品、精神药物;带有危险性病菌、害虫及其他有害生物的动物、植物及其产品;有碍人畜健康的、来自疫区的以及其他能传播疾病的食品、药品或其他物品。我国对以上商品禁止进口考虑的因素主要包括公众利益、环境保护、国际义务的履行等。

### 5.2.7　进口押金制(Advanced deposit)

进口押金制又称进口存款制或进口担保金制。此制度要求进口商在进口商品时,必须预先按进口金额的一定比例和规定的时间,在指定的银行无息存入一笔现金,才能进口。如此一来就会增加进口商的资金负担,进而达到限制进口的目的。它与外汇管制操作所达到的效果一致,即通过控制或减少进口者手中的可用外汇,来限制商品的进口。例如,巴西政府规定,进口商必须预先缴纳与合同金额相等的为期360天的存款才能进口。

Advance deposit means importers must save certain amount of money in a specific time to the bank without interest, if they want to import. The advanced deposit will raise the financial pressure of the importers, thereby it can be used to restrict import.

但是进口押金制在实施的过程中,对进口的限制也存在较大的局限性。也就是说,如果进口商以押款收据作担保,在货币市场上获得了优惠利率的贷款,或者国外出口商为了保证销路而愿意为进口商分担押金金额时,这种制度对进口的限制作用就微乎其微了。

### 5.2.8　海关程序(Customs procedures)

Customs procedures are the

海关程序是指进口货物通过海关的程序,一般包括申

processes that importing goods must go through when they entering a country's border or custom boundary, including declaration, taxation, inspection and clearance. Those procedures are standard processes in any country's importing. But if customs authorities abuse the procedures, it also can be used as a highly discriminatory and concealment way to restrict import.

报、征税、查验和放行四个环节。这些步骤本来是正常的货物通关程序，但是如果滥用了这些程序，却可以起到歧视和限制进口的作用，从而转变为一种既有效又隐蔽的非关税壁垒措施。以下是常用的一些手段：

一是海关会对申报表和单证做出严格的要求，以此来增加进口手续办理的难度。例如，一些国家海关会要求进口商出示商业发票、原产地证明书、货运提单、保险单、进出口许可证、托运人报关清单等，缺少任何一种单证，或者单证不规范，都会造成进口货物无法顺利通关。更有甚者会在表格和单证上做文章。如法国强行规定所提交的单据必须是法文，有意给进口商制造麻烦，以此阻碍进口。

二是通过商品归类来提高税率。某些国家的海关会武断地把进口商品归在税率高的税则项下。如，美国海关对日本产卡车的驾驶室和底盘进行分类时，把它从"部件"类归到"装配车辆"类，其进口税也就由4%提高到25%。但是，目前由于大多数国家所采用的《布鲁塞尔税则目录》比较完善，一般产品该在哪个税则下都比较清楚，所以，利用产品分类来限制进口的作用比较有限。

三是专断的海关估价制度。海关估价制度（customs valuation system）原本是海关为了征收关税，确定进口商品价格的制度。进口商品的价格可以有多种确定方法，如成交价，即货物出售时给进口国后经调整的实付或应付价格；国外价，即进口商品在其出口国国内销售时的批发价格；估算价，即由成本加利润推算出的价格，以及其他的定价方法。不同的定价方法得出的进口商品价格高低不同。因此，一些国家的海关可以通过提高某些进口商品的海关估价，来增加进口商品的关税负担，阻碍商品的进口，进而形成了专断的海关估价。

美国最常使用专断的海关估价来限制商品的进口。在"美国售价制"（American selling price system）之下，美国曾对与其本国商品竞争激烈的进口商品，如煤焦油产品、胶底鞋类、毛手套等，按美国售价（即美国产品在国内市场上的批发价格）征收关税，使进口税率大幅提高。由于受到其他国家的强烈反对，美国不得不在1981年废止了这项估价制度。

为了消除各国海关估价制度的差异，减少其作为非关税壁垒的消极作用，关贸总协定在"东京回合"谈判中达成了《海关估价守则》，形成了一套统一的海关估价制度。随着乌拉圭回合多边谈判的结束，WTO的《海关估价协议》代替了原来的GATT《海关估价守则》开始正式发挥作用。

这一协议规定,海关估价的基础应为进口商品或相同商品的实际价格,而不得以本国产品价格或以武断、虚构的价格作为计征关税的依据。

### 5.2.9 国内税(Internal taxes)

Internal taxes refer to all the taxes levy on products domestic producing, selling and consuming, such as consumption duty, business tax, sales tax and so forth. Countries all over the world not only levy all kinds of import duties, but also collect all kinds of internal taxes.

国内税是指一国政府对本国境内生产、销售、使用或消费的商品所征收的各种捐税,如消费税、营业税、销售税等。任何国家对进口商品不仅要征收关税,还要征收各国国内税。在征收国内税时,对国内外产品实行不同的征税方法和税率,以增加进口商品的纳税负担,削弱其与国内产品竞争的能力,从而达到限制进口的目的。其中一个办法就是对国内产品和进口产品征收差距较大的消费税。例如,美国、日本和瑞士对进口酒精饮料的消费税都大于本国制品。由于国内税的制定和执行完全属于一国政府,有时甚至是地方政府的权限,所以通常不受贸易条约与协定的约束。因此把国内税作为贸易限制的壁垒,会比关税更灵活和隐蔽。

### 5.2.10 进出口的国家垄断(State monopoly)

State monopoly is also named state trade. It refers to the international trade is managed directly by the state or managed by certain monopoly organizations. The companies who run the business is so called state trading enterprises. The state monopoly usually applies on four kinds of products: firstly, the importing and exporting of wine and cigarettes is normally run by state; secondly, the international trade of agriculture managed by certain monopoly organizations, especially in EU and the USA.

进出口的国家垄断又称国营贸易(state trade),是指对外贸易中,某些商品的进出口由国家直接经营,或者把这些商品的经营权给予某些垄断组织。经营这些受国家垄断的商品的企业,就是国营贸易企业(state trading enterprises)。国营贸易企业一般为政府所有,但也有政府委托私人企业代办。

各国国家垄断的进出口商品一般有四类:一是烟酒,由于可以从烟酒进出口垄断中获得巨大财政收入,各国一般都实行烟酒专卖。二是农产品,对农产品实行垄断经营,这在欧美国家最为突出。如美国农产品信道公司是世界上最大的农产品贸易垄断企业,对美国农产品国内市场价格能保持较高水平起着重要作用。即当农产品价格低于支持价格时,该公司就按照支持价格大量收购农产品,以维持价格水平。然后,以低价向国外市场大量倾销,或者"援助"缺粮国家。三是武器,由于武器关系国家安全与世界和平,所以其贸易都会受国家控制。四是石油,作为一国的经济命脉,不仅出口国家,包括主要的石油进口国都设立国营石油公司,对石油贸易进行垄断经营。对国营贸易企业,《关贸总协定》第17条中规定,它们在购买和销售时,应只以商业上的考虑(包括价格、质量、货源、推销及其他购销条件)为依据,并按商业惯例对其他缔约国提供参与购买或销售的适当竞争机会，不得歧视。这对防止国营贸易企业利用其特殊法律地位，妨碍自由贸易起到了一定的作用。

## 5.2.11 技术性贸易壁垒（Technical barriers to trade）

技术性贸易壁垒（TBT），是指一国或区域以维护国家或区域安全、人民健康、保护动植物健康与安全、保护环境、防止欺诈、保证产品质量等为由，所制定的一系列复杂、苛刻且经常变化的技术标准、卫生检疫以及商品包装和标签规定等措施，从而提高产品的技术要求，增加进口的难度，最终达到限制外国商品进入、保护市场的目的。世界贸易组织将技术性贸易壁垒分为技术法规、技术标准和合格评定程序。技术法规是规定产品特征或与其有关的加工与生产方法，包括适用的管理条款和强制执行的文件。技术标准是经公认机构批准的、一种自愿的非强制性的产品标准。可见技术法规与技术标准性质不同，其关键区别是前者具有强制性，后者是非强制性的。合格评定程序是指任何用于直接或间接确定产品是否符合技术法规或标准有关要求的程序，包括产品认证和体系认证。产品认证是指产品符合技术规定或标准的规定。体系认证是指确认生产或管理体系符合相应规定。当代最流行的国际体系认证有ISO9000质量管理体系认证和ISO14000环境管理体系认证。

目前各国会采用的技术性贸易壁垒措施主要有以下几种：

一是严格繁杂的技术法规与技术标准。在国际贸易中，发达国家通常是国际标准的制定者，而发展中国家一般是国际标准的执行者。发达国家凭借它们在技术上的优势，制定较高的技术标准，使得发展中国家的出口厂商为迎合其标准不得不增加成本，从而失去产品在国际市场上的竞争力。欧盟是目前世界上技术性贸易壁垒最多的地区，其工业标准超过10万种。进入欧盟市场的产品至少需要满足三个基本条件：第一，符合欧洲标准，取得欧洲标准化委员CEN的认证标志EN；第二，取得欧盟安全认证标志CE；第三，取得ISO9000合格证书。除此之外，欧盟成员国各自还会有自己的标准，如德国就有自己的1.5万个标准。

二是严格的卫生检疫制度。卫生检疫制度（health and sanitary regulation）主要适用于农副产品及其制品。如美国规定其他国家或地区输往美国的食品、饮料、药品和化妆

Technical barriers to trade refers to mandatory technical regulations and voluntary standards that define specific characteristics that a product should have, such as its size, shape, design, labeling/marking/packaging, functionality or performance. The specific procedures used to check whether a product is following these requirements are also covered by the definition of TBT. These so-called conformity assessment procedures can include, for example, product testing, inspection and certification activities. TBT is usually introduced by government authorities with a legitimate public policy objective in mind – for example, protecting human health and safety, animal and plant life and health or the environment, or safeguarding consumers from deceptive practices. Nevertheless, TBT often has an impact on trade and the competitiveness of exporters, and small and medium enterprises (SMEs). Adjusting products and production processes to comply with different requirements in export markets, as well as demonstrating compliance with these requirements, increase product costs and time-to-market, and can ultimately hurt the competitiveness of EU exporters.

Therefore, many of these exporters put technical requirements at or near the top of their concerns on trade barriers. At the same time, these technical standards and regulations can have an important influence on international trade. They can vary from country to country, or be costly and burdensome by design or effect. The World Trade Organization (WTO) Agreement on Technical Barriers to Trade contains rules specifically aimed at preventing these measures from becoming unnecessary barriers.

The objective of the World Trade Organization's Agreement on Technical Barriers to Trade as a preventive instrument is to ensure that such measures do not result in discrimination or arbitrary restrictions on international trade. The Agreement does not in any way undermine the right of governments to take measures to pursue legitimate public policy objectives, such as the ones mentioned above; it simply aims to ensure that such measures are prepared, adopted and applied under some basic principles, for the purpose to minimize the negative impact on trade.

品,必须符合美国《食品、药品及化妆品法》(the Federal Food,Drug and Cosmetic Act)的规定。进口货物在通过海关时,均需经过食品药物管理局(Food and Drug Administration,FDA)的检验。如果发现与规定不符,海关将予以扣留,并有权进行销毁,或按规定日期装运后再出口。

三是严格的商品包装与标签规定(packing and labeling regulation)。商品包装与标签规定的适用范围较广。很多国家对在本国销售的商品订立了各种包装和标签条例,这些规定内容繁杂、手续繁多,出口商为了达到这些要求,不得不按规定重新包装和改换标签,因此增加的成本就会削弱商品的竞争力。如加拿大政府于1998年11月决定,从1999年6月1日开始,对所有来自我国输出到加拿大的货物木制包装不得带有树皮,不能有直径大于3毫米的虫蛀洞,必须对木质包装进行烘干处理,使木材的含水量低于20%。随着我国出口商品规模的扩大,西方国家的技术性贸易壁垒开始越来越多地影响我国产品的出口。我国出口商品中经常遇到的技术性贸易壁垒有:食品中的农药残留量、产品的含铅量、皮革的PCD残留量、烟草中的有机氯、机电产品玩具的安全、汽油的含铅量、汽车的排放标准、包装材料的可回收性、纺织品染料指标、保护臭氧层的受控物质等。以我国广东省为例,据相关资料显示,自2007年以来,广东出口企业受技术性贸易壁垒影响的比例大概维系在30%以上,技术性贸易壁垒已经成为广东省仅次于汇率的第二大出口障碍,其中玩具家居类和木材纸张类企业受影响较为严重。出现这种情况的原因,一方面是企业自身转型升级、自主研发的能力还不强,拥有自主知识产权的核心技术少,产品质量管理水平有待提高,容易受到国外的技术壁垒;另一方面是企业对目标市场国的技术标准变化趋势不敏感,企业联合应对国外技术壁垒的能力较弱,以被动应对为主,主动利用世界贸易组织规则对国外技术壁垒调查做得不够。[①] 由于技术性贸易壁垒有更强的隐蔽性和灵活性,目前已经成为多数国家实施贸易保护的重要手段。

---

[①] 整编自《广东省技术性贸易措施年度报告(2015)》白皮书。

# Case study

## 与非关税壁垒相关的案例

案例介绍

CASE: "Carrots are fruit, Snails are fish, and X-Men are not human"[①]

Governments have shown perhaps their greatest trade policy creativity when deciding in what categories different imported goods belong. Their decisions are by no means academic. The stakes are high because an import that falls into one category can be allowed into the country duty-free, whereas the same import defined as falling into a related category is subject to a high tariff or banned altogether.

You can bet that if definitions matter so much to trade policy, there will be intense lobbying over each product's official definition. Protectionists will insist that an imported product be defined as belonging to the category with the high import barrier, but importing firms will demand that it be put in duty-free category. When such strong pressures are brought on government, you can't always expect logic in the official definitions.

Some of the resulting rules are bizarre. For example, here are two included in regulations passed by the European Union (EU) in 1994:

√ Carrots are a fruit. This definition allows Portugal to sell its carrot jam throughout Western Europe without high duties.

√ The land snail, famously served in French restaurants, is a fish. Therefore, European snail farmers can collect fish farm subsidies.

The U. S. Government has similarly bent the rules. In the early 1990s Carla Hills, then the U. S trade representative, was compelled to call the same car both American and "not American." She told the Japanese government that car exports from U. S. factories owned by Japanese firms to Japan were Japanese, not American. They did no count when the U. S. government examined the size of American car exports to Japan. At the same time, she told European governments that the cars exported to Europe from these same Japanese-Owned factories in the United States run by American, so they were not subject to European quotas on Japanese car imports.

With even greater ingenuity private firms have changed the look and the names of their products to try to get around each set of official definitions. For instance, a VER on down-filled ski parkas led to the innovation of two new products that were not subject to VERs. One product was a down filled ski vest that had one side of a zipper on each armhole. The other product was a matched pair of sleeves, with one side of a zipper at the top of each sleeve. Once the two products were imported "separately", the distributor knew what to do.

As another example, Subaru once imported pickup trucks with two flimsy "rear seats" bolted to the truck bed to avoid the U. S. Tariff of 25 percent on "regular" pickup trucks. To avoid the same 25 percent U. S. Duty, Ford imports vans from Turkey as "passenger wagons" because the vans have both rear side windows and rear seats. Once past customs Ford removes and trashes the rear windows and seats, replaces the windows with metal panels, and sells them as small commercial delivery vans.

In some cases, it is a U. S. Judge that makes the call. In 2001 a judge ruled that cheap children Halloween costumes (think Scream) were "fancy dress apparel," not the "flimsy festive articles" that the U. S. Customs Service had long considered them. The suit was a victory for the U. S. Producer, Rubie's Costume Company that brought it. Rather than entering duty free, imported costumes (that competed with Rubie) would be sub-

---

① Edit from Thomas A. Pugel, *International economics*, 15th edition", p.173.

ject to a tariff up to 32 percent and be covered by the VERs on clothing. Trick or treat?

In 2003 another U. S. Judge studied opposing legal briefs and more than 60 action figures, both heroes and villains. Among her conclusions were that the X-Men were not humans, nor were many of the others. She was not just playing around: Toys that depict humans are dolls, subject to 12% import tariffs, but toys that depict non-humans are just toys, subject to a 7% tariff.

Such games have been played with great frequency over the definitions of products. If definitions mean money gained or lost, products will be defined in funny way.

Question: Why government put the imports in different categories?

案例分析

The non-tariff barriers, such as import quota, voluntary export restraint, government procurement, technical and product standards, classification of product, valuation of product and procedures for clearing and so forth, are set for restrict the imports and protect local substitute businesses from competition.

## Summary

1. A non-tariff barrier is a form of restrictive trade where barriers to trade are set up and take a form other than a tariff.

2. An import quota is a limit on the quantity of certain goods that can be produced abroad and sold domestically.

3. Absolute quotas limit the quantity of certain goods that may enter a country's border during a specific period.

4. Tariff rate quota permit a specified quantity of imported merchandise to be entered at a lower rate of duty during the quota period.

5. A voluntary export restraint (VER) is a trade restriction on the quantity of a good that an exporting country can export to another country.

6. An import license is a document issued by a national government authorizing the importation of certain goods into its territory.

7. Foreign exchange controls are types of controls that governments put in place to ban or restrict the amount of foreign currency or local currency that can be traded or purchased.

8. Discriminatory government procurement policies are also called Buy-national policies. Government procurement practices can be a non-tariff barrier to imports if the purchasing processes are biased against foreign products.

9. Minimum price means a government set a minimum price for importing certain goods.

10. Advance deposit means importers must save certain amount of money in a specific time to the bank without interest, if they want to import.

11. Customs procedures are the processes that importing goods must go through when they entering a country's border or custom boundary, including declaration, taxation, inspection and clearance.

12. Internal taxes refer to all the taxes levy on products domestic producing, selling and consuming, such as consumption duty, business tax, sales tax and so forth.

13. State monopoly is also named state trade. It refers to the international trade is managed directly by the state or managed by certain monopoly organizations.

14. Technical barriers to trade refers to mandatory technical regulations and voluntary standards that de-

fine specific characteristics that a product should have, such as its size, shape, design, labeling/marking/packaging, functionality or performance.

## Exercises

**一、选择题**

1. 政府在采购时优先采购本国货物的做法,属于(　　)。
   A. 进口押金制　　　　　　　　　　B. 歧视性政府采购
   C. 进出口国家垄断　　　　　　　　D. 国内税

2. 规定期限内,对配额以内的商品征收最惠国税,超过配额的部分征收普通税甚至罚款,这种非关税壁垒措施叫作(　　)。
   A. 国别配额　　　B. 全球配额　　　C. 关税配额　　　D. 优惠配额

3. 绝对配额与关税配额的区别主要在于(　　)。
   A. 对关税的征收上　　　　　　　　B. 对附加税和罚款的处理上
   C. 对进口商品价格的限制上　　　　D. 对进口商品数量的限制上

4. 通过出口国实施的限制进口的非关税壁垒措施是(　　)。
   A. 出口税　　　　　　　　　　　　B. 进口配额制
   C. 进口许可证制　　　　　　　　　D. 自动出口配额制

5. 进口最低限价要求,凡是进口商品价格低于规定的最低价格时,进口国可以征收(　　)。
   A. 进口附加税　　B. 反补贴税　　　C. 差价税　　　　D. 反倾销税

**二、简答题**

1. 什么是技术性贸易壁垒?
2. 外汇管制是如何做到限制进口的?
3. 什么是进口押金制?进口押金制会对进口商带来什么影响?

# Chapter Six
# Practice of International Trade
# 第六章
# 国际贸易实务

国际贸易是不同国家的买卖双方进行的经济交换活动。例如云南某进出口公司打算出口美国 ABC Trade Co. (Add: Room 15, the 10th floor Great Building, Revenue Street, N.Y., USA) 一批货物。为了顺利进行国际贸易,买卖双方需要在合同签订前就合同相关条款的内容等进行贸易磋商。那么在对外贸易合同中到底包含哪些条款呢?

通过本章的学习,应掌握以下内容:

1. 什么是国际货物买卖合同?
2. 如何进行贸易磋商?
3. 对外贸易合同的条款内容应该包括哪些内容?

## Learning target:

1. What is the sales contract?
2. How many steps of a business negotiation?
3. What are essential clauses in the sales contract?
4. How to conclude a sales contract/purchase contract?

## Key words:

| | |
|---|---|
| business negotiations | 贸易磋商 |
| trade terms | 贸易术语 |
| quality of commodity | 商品品质 |
| quantity of goods | 商品数量 |
| packing and marking of goods | 商品包装 |
| price of goods | 商品价格 |
| delivery of goods | 交付货物 |
| cargo transportation insurance | 货物运输保险 |
| international settlement | 国际结算 |

# 6.1　Contract of international trade

进出口贸易是以进出口合同,即国际货物买卖合同为中心进行的。整笔交易要通过交易磋商、订立合同和履行合同等阶段。因此,熟悉国际货物买卖合同订立和履行的基本环节,了解有关的国际惯例和法律规则,对于当事双方的权益利害关系重大。

本章主要以国际贸易合同为对象,以国际贸易惯例和法律规则为依据,介绍国际货物买卖合同的内容以及关于贸易术语的主要内容。

## 6.1.1　Definitions of contract

A contract is an agreement between two or more competent parties in which an offer is made and accepted. A party transfers the title of the goods to another party, then the another party pay the funds of the contract.

国际货物买卖合同是指营业地处于不同国家或地区的当事人之间所订立的货物买卖契约,是一方当事人向另一方转移标的物所有权,另一方当事人支付价款的合同。合同可以是正式的,非正式的,书面的,口头的,应明了易懂。

合同正文部分包括:(1)买卖双方的全名和地址;(2)所涉及的商品;(3)双方同意的所有条款;(4)合同的有效期;(5)双方的责任义务;(6)纠纷的解决方式;等等。

## 6.1.2　The laws of the contract

订立和履行国际货物销售合同,必须符合法律规范。国际货物买卖合同运用法律调整营业地在不同国家当事人之间的关系。因此要得到法律的承认,当事人的权利和义务要得到法律的保护并受法律的监督和约束,它必须是符合法律规范的合同。

国际货物买卖合同适用的法律概括起来有三种:

1. 国内法

国内法是指由国家制定或认可并在本国主权管辖范围内生效的法律。国际货物买卖合同必须符合国内法,即符合某个国家制定或认可的法律。我国没有单独的买卖法,买卖合同适用《合同法》的规定。

2. 国际贸易惯例

在国际货物买卖活动中,当事人的行为规范并非仅限于合法,除此之外,他们往往还要顾及有关国际贸易惯例问题。国际贸易惯例是在长期贸易实践中逐步形成的一些习惯做法,经由国际性组织或商业团体统一编撰、解释并公布的成文的通则、准则和规则。它对当事人没有普遍的强制性,只有当事人在合同中规定加以采用时,才对当事人有法律约束力。

在实际业务中,国际商会制定的《国际贸易术语解释通则》《跟单信用证统一惯例》《托收统一规则》等是被世界上多数国家的贸易商和银行广泛使用的国际贸易惯例。

  3. 国际公约

  国际公约是两个或两个以上主权国家为确定彼此的政治、经济、贸易、文化、军事等方面的权利和义务而缔结的诸如公约、协定、议定书等各种协议的总称。在众多的国际条约中,最重要的是《联合国国际货物销售合同公约》,它是迄今为止最全面、最详尽的关于国际货物买卖的同一法律规范。

### 6.1.3 The conditions of the establishment of the contract?

A contract should include:(1) the full name and address of the seller and the buyer;(2) the details of the commodity;(3) the terms and conditions;(4) the validity of the contract;(5) the obligations and duties of the both sides;(6) the methods of settling disputes.

  国际货物买卖合同对当事人构成的约束力是建立在法律基础上的。因此,买卖合同必须符合法律规范才能得到法律的承认和保护。《联合国国际货物销售合同公约》对合同成立的规则做了具体规定:

(1)合同当事人意思表示要一致;
(2)当事人必须在自愿和真实的基础上订立合同;
(3)当事人必须具有订立合同的行为能力;
(4)合同必须有对价或约因;
(5)合同的标的和内容必须合法;
(6)合同的形式必须符合法律规定的要求。

## 购 货 合 同
## PURCHASE CONTRACT

| | | |
|---|---|---|
| 合同编号: | 签订日期: | 签订地点: |
| Contract No.: OA090602 | Date:JUNE 2,2015 | Signed at:SHANGHAI |

1. 买方:

  The Buyers:SHANGHAI OCDA FOOD CO.,LTD.

  地址:

  Address:7/F,OCDA BLDG,KEYUAN RD.,SHANGHAI,CHINA

  电话(Tel):86-021-2626268    传真(Fax):86-021-2626269

2. 卖方:

  The Sellers:ASTAK FOOD,INC.

  地址:

  Address:5-18 ISUKI-CHOHAKI,TOKYO,JAPAN

  电话(Tel):81-465-282828    传真(Fax):81-465-282829

  经买卖双方确认根据下列条款订立本合同:

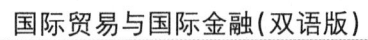

The undersigned Sellers and Buyers have confirmed this contract is accordance with the terms and conditions stipulated below：

| 3. 商品名称及规格<br>Name of Commodity & Specification | 4. 数量<br>Quantity | 5. 单价<br>Unit Price | 6. 总金额<br>Amount |
|---|---|---|---|
| CANNED MUSHROOMS<br>24 TINS × 425 GRAMS | 1 700CARTONS/FCL | CFR C2%<br>SHANGHAI PORT<br>USD7.80/CTN | USD13 260.00<br><br>合计：<br>Totally：USD13 260.00 |

7. 总值（大写）

　　Total Value（in words）：SAY U.S. DOLLARS THIRTEEN THOUSAND TWO HUNDRED AND SIXTY ONLY.

8. 允许溢短_____%。

　　__5__% more or less in quantity and value allowed.

9. 成交价格术语：

　Terms：

　　☐ FOB　　☑ CFR　　☐ CIF　　☐ DDU

10. 包装

　　Packing：EXPORTER CARTON

11. 运输唛头

　　Shipping Mark：

　　　　　　　　N/M

12. 运输起讫：由_____（装运港）到_____（目的港）。

　　Shipment from __TOKYO__（Port of Shipment）to __SHANGHAI,CHINA__（Port of Destination）.

13. 转运：☐ 允许　☑ 不允许；　　分批：☐ 允许　☑ 不允许

　　Transhipment：　　☐ allowed　　☑ not allowed

　　Partial shipment：☐ allowed　　☑ not allowed

　运输时间：

　　Shipment Time：WITHIN 20 DAYS AFTER RECEIPT OF IRREVOCABLE SIGHT L/C.

14. 保险：由_____方按发票金额的_____%投保_____，加保_____从_____到_____。

　　Insurance：to be covered by the __BUYER__ for __110%__ of the invoice value covering Institute Cargo Clauses(A) 1/1/82 additional Institute War and Strikes Clauses—Cargo 1/1/82 from TOKYO to SHANGHAI.

15. 付款条件：

　　Terms of Payment：

□ 买方应不迟于_____年____月____日前将100%货款用即期汇票/电汇支付给卖方。
The buyers shall pay 100% of the sales proceeds through sight (demand) draft/by T/T remittance to the sellers not later than _____/_____.

□ 买方应于_____年____月____日前通过_____银行开立以卖方为受益人的____天不可撤销信用证,有效期至装运后____天在中国议付,并注明合同号。
The buyers shall issue an irrevocable L/C at __90 days__ sight through __BANK__ in favour of the sellers prior to __JUNE 6, 2015__ indicating L/C shall be valid in CHINA though negotiation within 21 days after the shipment effected, the L/C must mention the Contract Number.

□ 付款交单:买方应凭卖方开立给买方的_____期跟单汇票付款,付款时交单。
Documents against payment (D/P): the buyers shall dully make the payment against documentary draft made out to the buyers at ____/____ sight by the sellers.

□ 承兑交单:买方应凭卖方开立给买方的_____期跟单汇票付款,承兑时交单。
Documents against acceptance (D/A): the buyers shall dully accept the documentary draft made out to the buyers at ____/____ days by the sellers.

16. 装运通知:一旦装运完毕,卖方应立即电告买方合同号、品名、已装载数量、发票总金额、毛重、运输工具名称及启运日期等。
Shipping advice: the sellers shall immediately, upon the completion of the loading of the goods advise the buyers of the Contract No. names of commodity, loaded quantity, invoice value, gross weight, names of vessel and shipment date by TLX/FAX.

17. 检验与索赔:
Inspection and Claims:
①卖方在发货前由_____检验机构对货物的品质、规格和数量进行检验,并出具检验证明。
The buyer shall have the qualities, specifications, quantities of the goods carefully inspected by the ____/____ Inspection Authority, which shall issues Inspection Certificate before shipment.
②货物到达目的口岸后,买方可委托当地的商品检验机构对货物进行复验。如果发现货物有损坏、残缺或规格、数量与合同规定不符,买方须于货物到达目的口岸的_____天内凭_____检验机构出具的检验证明书向卖方索赔。
The buyers have right to have the goods inspected by the local commodity inspection authority after the arrival of the goods at the port of destination. If the goods are found damaged/short/their specifications and quantities not in compliance with that specified in the contract, the buyers shall lodge claims against the sellers based on the Inspection Certification issued by the Commodity Inspection Authority within ____/____ days after the goods arrival at the destination.
③如买方提出索赔,凡属品质异议,须于货物到达目的口岸之日起_____天内提出;凡属数量异议,须于货物到达目的口岸之日起_____天内提出。对所装货物所提任何异议应由保险公司、运输公司或邮递机构负责的,卖方不负任何责任。
The claims, if any regarding to the quality of the goods, shall be lodged within

_____ days after arrival of the goods at the destination, if any regarding to the quantities of the goods, shall be lodged within _____ days after arrival of the goods at the destination. The sellers shall not take my responsibility if any claims concerning the shipping goods in up to the responsibility of Insurance Company/Transportation Company/Post office.

18. 不可抗力:如因人力不可抗拒的原因造成本合同全部或部分不能履约,卖方概不负责,但卖方应将上述发生的情况及时通知买方。

    Force Majeure: the sellers shall not hold any responsibility for partial or total non-performance of this contract due to Force Majeure. But the sellers shall advise the buyers on time of such occurrence.

19. 争议的解决方式:

    任何因本合同而发生或与本合同有关的争议,应提交中国国际经济贸易仲裁委员会,按该会的规则进行仲裁。仲裁裁决是终局的,对双方均有约束力。

    Disputes settlement: All disputes arising out of the contract or in connection with the contract, shall be submitted to the China International Economic and Trade Arbitration Commission for arbitration in accordance with its Rules of Arbitration. The arbitral award is final and binding upon both parties.

20. 法律适用:本合同的签订地、或发生争议时货物所在地在中华人民共和国境内或被诉人为中国法人的,适用于中华人民共和国法律,除此规定外,适用《联合国国际货物销售合同公约》。

    Law applications: it will be governed by the law of the People's Republic of China under the circumstances that the contract is signed or the goods while the disputes arising are in the People's Republic of China or the defendant is Chinese legal person, otherwise it is governed by United Nations Convention on Contract for the International Sale of Goods.

    本合同使用的 FOB、CFR、CIF、DDU 术语系根据国际商会 INCOTERMS 1990。

    The terms in the contract based on INCOTERMS 1990 of the International Chamber of Commerce.

21. 文字:本合同中、英文两种文字具有同等法律效力,在文字解释上,若有异议,以中文解释为准。

    Versions: This contract is made out in both Chinese and English of which version is equally effective. Conflicts between these two languages arising therefrom, if any, shall be subject to Chinese version.

22. 附加条款:(本合同上述条款与本附加条款有抵触时,以本附加条款为准)

    Additional Clauses: (conflicts between contract clause hereabove and this additional clause, if any, it is subject to this additional clause)

23. 本合同共_____份,自双方代表签字/盖章之日起生效。

    This contract is in ___2___ copies, effective since being signed/sealed by both parties.

买方代表人                          卖方代表人:
Representative of the buyers:       Representative of the sellers:

签字
Authorized signature：

（买方公司盖章）

签字
Authorized signature：

（卖方公司盖章）

## 6.2　Business of negotiation

　　交易磋商是指进出口双方就商品的交易条件，按照一定的程序进行协商，以期达成交易的过程。在业务中又被称为贸易谈判，有关双方为了接近对方要求而调整其报价和期望值。谈判是每一笔交易的核心，多数情况下，双方共同的目的和不同的交易方式都要经过谈判来达成。

　　交易磋商在销售合同的签订及以后的履行中起着重要的作用，它与交易双方的经济利益密切相关。不管磋商以什么方式开始，它通常包括下列几个环节：询盘、发盘、还盘、接受和签订销售合同。其中，发盘和接受是达成协议和签订合同不可缺少的环节。

　　交易磋商的内容涉及拟签订合同中的各项条款，包括品名、品质或规格、数量、包装、价格、运输、保险、支付、商检、索赔、仲裁和不可抗力等。其中品名、品质或规格、数量、包装、价格、运输、支付等，一般被认为是交易的主要条件。

An enquiry is a request for business information, such as price lists, catalogue, samples, and details about the goods or trade terms. It can be made by either the importer or the exporter.

An offer is a proposal made by sellers to buyers in order to enter into a contract, i.e. it refers to trading terms put forward by offerors to offerees, on which the offerors are willing to conclude business with the offerees.

According to CISG, a lawful offer should include the following parts.
(1) There will be specified offeree;
(2) All the contents in the offer should be very clear;
(3) In the offer the bindings of the transaction for both parties should

1. 询盘

　　询盘是要求提供有关交易的信息，如商品的价格单、目录、样品及贸易条件。询盘可由进口商或出口商发出。在对外贸易中，询盘通常由买方提出，但是对于询盘人和被询盘人来说，都无法律上的约束。

　　询盘有两种形式：口头询盘和书面询盘。根据询盘的内容或目的，询盘信可以分为一般询盘信和具体询盘信。

2. 发盘

　　发盘是卖方向买方提出的签订合同的建议，即发盘人向收盘人提出的交易条件。在实际业务中，一般以卖方的发盘居多。

　　发盘有两种：一种是实盘；另一种是虚盘。实盘具备法律效力，在发盘有效期内，发盘人不能任意撤销或修改其内容。若收盘人在有效期内对该发盘表示无条件接受，发盘人就必须按发盘条件与其成交、签订合同，否则为违约，要承担相应的法律责任。

　　根据《联合国国际货物销售合同公约》的规定，一个有效的发盘应包括以下内容：
　　(1)发盘要有特定的受盘人；
　　(2)发盘内容必须十分确定；
　　(3)发盘必须表明承受约束的意旨；
　　(4)发盘必须在有效期内送达受盘人。

3. 还盘

be clearly expressed;

(4) The offerer should send the offer to the offeree within its validity.

Acceptance is a statement made by or other conduct of the offerees indicating unconditional consent to an offer. A contract is concluded once the offer is accepted.

还盘又称还价,是受盘人对发盘条件不能完全同意而对发盘提出相应的修改或变更的意见。还盘不是交易磋商的必经阶段。还盘是受盘人对原发盘的拒绝,同时也是受盘人对原发盘人做出的一项新的发盘。

4. 接受

接受指的是受盘人声明或做出其他行为表示无条件同意一项发盘。发盘接受以后,合同随即达成。

构成一项有效接受的条件有:

第一,接受必须由特定的受盘人做出;

第二,接受必须表示出来;

第三,接受必须在发盘的有效期内表示并送达发盘人;

第四,接受必须与发盘相符。

## 6.3 Trade terms

在国际贸易中由于买卖双方一般相距较远,分属不同的国家或地区,运输距离较长,交易时间较长,环节较多,不方便当面交货和交接单据,因此需要双方明确各自的责任、义务和应该承担的风险。通常需要确定以下一些问题:

● 卖方在什么地方交货?以什么样的方式交货?货物交给谁?

● 谁负责与船公司接洽,将货物运至目的地或者目的港?谁来承担必要的运费?

● 谁负责货物运输途中可能遇到的风险?风险一旦发生,由谁来承担相关的费用?

● 谁负责进口和出口手续,谁又来承担并支付相应的税费?

通过以上的描述,不难发现,要想确定出口商品价格,首先要确定上面的这些问题,明晰权责与费用的划分。因此在学习定价前,先要了解一个非常重要的概念——贸易术语。

### 6.3.1 The definition of trade terms

Trade terms, also known as price terms, are the short terms or abbreviations or brief English concept (3 English characters in Incoterms) to indicate the composition of the unit price and determine the responsibilities/rights and obliga-

贸易术语,又称价格术语,表现形式为三字母英文代码,如FOB、CIF等来说明商品的价格构成,说明买卖双方在交接货物的过程中各自承担的责任、风险、手续和费用的划分。

在18世纪末、19世纪初,出现装运港船上交货的术语,即FOB雏形的出现。进口商在装运港租船,由出口商将货物交到进口商租好的船上,进口商在船上监督交货情

tions, expenses and risks borne by two parties as well as the time of the passing of the property in the goods.

况并进行检查。如果进口商觉得符合样品,在当地付款给出口商。19 世纪中叶,出现了以 CIF 为代表的单据买卖方式。为国际贸易服务的轮船公司的成立,保险公司、银行也纷纷参与到国际贸易业务中。

1936 年国际商会制定了具有历史意义的国际贸易术语解释规则,定名为 INCOTERMS1936(国际贸易术语解释通则)。

为适应国际贸易实践不断发展的需要,国际商会先后于 1953 年、1967 年、1976 年、1980 年、1990 年、2000 年、2010 年对 INCOTERMS 做了 7 次修订。INCOTERMS 2010 即国际商会第 715E 号出版物于 2010 年 9 月完成修订,2011 年 1 月 1 日起正式生效。

### 6.3.2 The content of trade terms

INCOTERMS2010 包括 11 种贸易术语,按照适用范围分为两类:适用于多种运输方式的术语;仅适用于海运和内河运输的术语。详见表 6-1。

表 6-1　　　　　　　　　　INCOTERMS2010

| 适用于任何运输方式或多种运输方式的术语 ||
|---|---|
| 国际代码 | 中英文全称 |
| EXW | Ex Work　　　　　　　　　　　工厂交货 |
| FCA | Free Carrier　　　　　　　　　货交承运人 |
| CPT | Carriage Paid to　　　　　　　运费付至目的地 |
| CIP | Carriage and Insurance Paid to　运费、保险费付至目的地 |
| DAT | Delivered at Terminal　　　　　运输终端交货 |
| DAP | Delivered at Place　　　　　　目的地交货 |
| DDP | Delivered Duty Paid　　　　　完税后交货 |
| 适用于海运及内河水运的术语 ||
| FAS | Free Alongside Ship　　　　　船边交货 |
| FOB | Free on Board　　　　　　　　船上交货 |
| CFR | Cost and Freight　　　　　　　成本加运费 |
| CIF | Cost, Insurance and Freight　　成本、保险费加运费 |

## 6.4　Transportation

　　国际货物运输是随着国际贸易发展而发展的,是国际贸易的一个重要组成部分。在买卖合同签订后,按照合同规定的时间、地点和运输方式,将货物运交给买方或者买方指定的承运人或者指定的运输工具是卖方的基本义务之一。国际货物运输的方式有很多:海洋运输、铁路运输、航空运输、江河运输、邮包运输、公路运输、管道运输、大陆桥运输以及由各种运输方式组成的国际多式联运等。本节主要介绍海洋运输方式。

　　海洋运输是国际货物运输中使用的最广泛的一种运输方式,其运量在国际货物运输总量中占80%以上。

　　按照海洋运输经营方式的不同,可将海洋运输分为班轮运输和租船运输。

　　1. 班轮运输

　　班轮运输又称定期船运输,是指船舶在特定航线上和固定的港口之间按事先公布的船期表和运费率往返航行。

　　班轮运输的特点如下:

　　(1)"四固定",即固定的船期、固定的航线、固定的港口以及相对固定的运费率。这是班轮运输的基本特点。

　　(2)运费中包括装卸费。

　　(3)船东经常出租部分舱位,承运货物比较灵活,不论数量、品种,只要有舱位就可以接受。

　　(4)船方或其代理人签发的提单是承运人与托运人之间的运输契约。

　　2. 租船运输

　　租船运输又称不定期货船。租船运输没有固定的船期表,没有固定的航线,不定运价和不定港口。

　　国际上使用的租船运输主要有三种:定程租船、定期租船和光船租船。

　　(1)定程租船

　　定程租船,又称航次租船,是指所租船舶在指定港口之间进行一个或数个航次的租船运输。

　　(2)定期租船

　　定期租船,又称期租船,是指船舶所有人将船出租给承租人,供其使用一定时期的租船方式。

　　(3)光船租船

　　光船租船,是指船舶所有人将船舶出租给承租人使用一个时期,但是所提供的船舶没有配备船员,并且由承租人自己负责船舶管理所需的一切费用,相当于一种财产租赁。

A liner is a vessel with regular sailing and arrival on a stated schedule between a group specific ports.

The liner has a regular line, port, timetable and comparatively fixed freight, which is the basic feature of lines.

The charges include the loading and unloading operations.

The ship-owner usually leases part of shipping space instead of the whole ship.

The B/L drawn by the shipping company is the shipping contract between the carrier and the consignor.

## 6.5 Insurance

在国际贸易中,国际货物运输往往需要经历一个较为漫长的过程。在这个过程中,货物有可能遭遇各种各样的风险,例如自然灾害或者意外而受到损失。

国际货物运输保险属于财产保险的范畴,是一种特殊形式的财产保险。由于国际货物运输可采取多种多样的运输方式,因此国际货物运输保险也相应地分为海洋货物运输保险、航空运输保险、邮包运输保险、集装箱运输保险等。其中海洋货物运输保险起源最早,使用频率最高,本节主要讲述海洋运输保险。

### 6.5.1 Risks

1. 海上风险

货物及船舶在海上航行中经常遭遇到各种风险,但海上风险并非是指发生在海上的所有风险,而只是指由海上偶然发生的自然灾害和意外事故引致的两类风险。

(1)自然灾害

**Natural calamities**
Disasters such as vile weather, thunder and lightning, tsunami, earthquake, flood, etc.

自然灾害是指客观存在的,不以人的意志为转移的由自然界的力量所引起的灾害,包括洪水、地震、海啸、雷电、火山爆发等。

(2)意外事故

**Fortuitous Accidents**
Accidents such as ship stranded, striking upon the rocks, ship sinking, ship collision, colliding with iceberg or other objects.

意外事故是指由于偶然、非意料的原因所造成的事故,并不是所有海上的意外事故,只包括船舶搁浅、触礁、沉没、失踪、失火、爆炸等引起的有明显的海洋特征的重大意外事故。

2. 外来风险

外来风险是指除海上风险以外的其他原因所造成的风险,可分为一般外来风险和特殊外来风险。

(1)一般外来风险

**General Extraneous Risks**
Include theft, fresh or rain water, shortage, leakage, breakage, etc.

一般外来风险是指由于一般外来的原因,例如偷窃、渗透、短量、钩损、生锈、雨淋、受热和受潮等造成的风险。

(2)特殊外来风险

**Special Extraneous Risks**
War risks, Strikes, Failure to deliver, refusal to receive, etc.

特殊外来风险是指由于军事、政治、国家政策等方面的变化所带来的风险,如战争、罢工、拒收、交货不到等。

### 6.5.2 Loss

损失是指被保险货物在海运过程中,由于发生海上风险所造成的损失或者灭失,又称海损。按照损失程度的不同,损失分为全部损失和部分损失。

1. 全部损失

**Actual Total Loss**
The insured goods have been totally lost or damaged, or found to be totally valueless on arrival.

**Constructive Total Loss**
It is found in the case where an actual total loss appears to be unavoidable or the cost to be incurred in recovering or reconditioning the goods would exceed their value on arrival.

**General Average**
Refers to a certain special sacrifice and extra expense for the general interests of the insurer the shipowner and the owners of the various cargoes aboard the ship.

**Particular Average**
A particular cargo is damaged by any cause and the degree of damage does not reach a total loss

**Basic Insurance Coverage**
It includes: Free from Particular Average(F. P. A) With Particular Average(W. A. ) and All Risks.

全部损失是指整批货物在运输中全部损失,简称全损。按照损失的情况不同,全损又分为实际全损和推定全损。

(1)实际全损

实际全损是指被保险货物在遭遇海上风险后已经完全灭失或变质,不再具有商业价值。

(2)推定全损

推定全损是指尽管货物在遭遇海上风险后还没有达到全部损失的状况,但是实际全损已不可避免或为了避免实际全损的发生所需支出的费用已经超过了货物的保险价值。

2. 部分损失

(1)共同海损

共同海损是指载货的船舶在海上遇到灾害或者事故,危及船货各方的共同安全,为了解除这种威胁,维护安全,或者使航程可以继续,船方有意识地、合理地采取措施,造成某些货物的特殊损失或者支出额外的费用。共同海损的牺牲和费用应由船货各方按最后获救价值的比例分摊。

(2)单独海损

单独海损是指货物在运输途中遭遇到各种风险而导致部分损失,该风险只影响到某一方的利益,不会危及其他方的安全,该损失即为单独海损,损失由受损方单独承担。

### 6.5.3 Expenses

运输保险不仅承保由风险所导致的货物损失,还包括费用方面的损失。

运输保险主要有施救费用和救助费用。

### 6.5.4 Insurance coverage

根据《中国人民保险公司海洋运输货物保险条款》,保险可以分为两大类:基本险和附加险。

1. 基本险

基本险可以分为平安险、水渍险和一切险。

(1)平安险

平安险,承保由自然灾害或意外事故所造成的全损或共同海损分摊额。

(2)水渍险

水渍险,承保由自然灾害或意外事故所造成的全损和单独海损以及共同海损分摊额。

(3)一切险

Additional Insurance Coverage
Special additional risk differs from general addition risk in that the former covers loss or damage cause by some special extraneous reasons.

一切险,是水渍险加一般附加险的总和。

2. 附加险

附加险是基本险的扩大和补充,被保险人只能在投保了基本险别中的其中一种的基础上,根据需要选择加保一种或多种附加险别。附加险有一般附加险和特殊附加险两种。一般附加险不能单独投保。

(1)一般附加险

一般附加险包括偷窃提货不着险、淡水雨淋险、短量险、渗漏险、混杂、沾污险、碰损、破碎险、串味险、受潮受热险、钩损险、包装破裂险、锈损险等险种。

以上一般附加险已包含在一切险的责任范围内,因此凡投保一切险的不需要再加保一般附加险。

(2)特殊附加险

特殊附加险承保由于政治、军事、国家政策以及特殊外来原因所造成的风险。主要包括战争险、罢工险、舱面险、进口关税险、拒收险、黄曲霉素险、交货不到险和海运战争险。

## Reading

2015年,云南省完成社会消费品零售总额5 103.2亿元、货物贸易进出口总额245.3亿美元、服务贸易进出口总额53亿美元、实际引进外资29.9亿美元、对外实际投资13.4亿美元、对外工程承包营业额23.4亿美元、口岸进出口额142.1亿美元。

"十二五"期间,社会消费品零售总额年均增长15.3%,位列全国前茅。货物进出口额年均增长12.9%,货物贸易排名全国第20位,处于2000年以来历史最高位。从累计看,"十二五"社会消费品零售总额累计完成20 227亿元,比规划累计目标19 776亿元多完成451亿元;货物进出口累计完成1 170亿美元,比规划累计目标1 113亿美元多完成57亿美元。

此外,服务进出口额年均增长23.2%,位居西部地区前列,引进外资年均增长17.6%,对外投资年均增长23.3%,对外工程承包营业额年均增长19%,口岸进出口额年均增长21.7%,均远远超过规划目标。

随着面向南亚东南亚辐射中心建设和沿边开发开放快速推进,各类开放型园区建设全面提速,区域次区域合作展现出勃勃生机,电子商务及跨境电子商务再掀新潮,各领域改革创新更是成效明显,商务部门工作得到了极大创新、拓展和延伸。

资料来源:根据凤凰网2016年2月3日新闻《云南省2015年货物贸易进出口总额达245.3亿美元》整理而来。

## Summary

1. A contract is an agreement between two or more competent parties in which an offer is made and accepted.

2. Offer, and acceptance are two indispensable links for reaching an agreement and concluding a contract.

3. Quantity clause is one of the essential terms and conditions for the conclusion of a transaction in the contract.

4. The commonly used systems in the world are the Metric System, The British System, The U. S. System and The International System of Units (SI).

5. Trade terms, also known as price terms, are the short terms or abbreviations or brief English concept(3 English characters in Incoterms) to indicate the composition of the unit price and determine the responsibilities/rights and obligations, expenses and risks borne by two parties as well as the time of the passing of the property in the goods.

## Exercises

**一、名词解释**

贸易术语　　发盘　　接受　　共同海损　　推定全损　　单独海损

**二、单项选择题**

1. 下列条件中,(　　)不是构成发盘条件的必备条件。
   A. 发盘的内容必须十分确定　　B. 主要交易条件必须十分完整齐全
   C. 向一个或一个以上特定的人发出　　D. 表明发盘人承受约束的意旨

2. 我6月10日向国外某客商发盘,限6月15日复到有效,6月13日接到对方复电称:"你10日电接受,以获得进口许可证为准。"该接受(　　)。
   A. 相当于还盘　　B. 在我方缄默的情况下,则视为有效接受
   C. 属有效的接受　　D. 属于一份非实质性变更发盘条件的接受

3. 根据《联合国国际货物销售合同公约》的规定,发盘和接受的生效采取(　　)。
   A. 投邮生效原则　　B. 签订书面合约原则
   C. 口头协商原则　　D. 到达生效原则

4. A公司5月18日向B公司发盘,限5月25日复到有效。A公司向B公司发盘的第二天,A公司收到B公司5月17日发出的,内容与A公司发盘内容完全相同的交叉发盘,此时(　　)。
   A. 合同即告成立
   B. 合同无效
   C. A公司向B公司或B公司向A公司表示接受,当接受通知送达对方时,合同成立
   D. 必须是A公司向B公司表示接受,当接受通知到达B公司时,合同成立

5. 班轮运费应该(　　)。
   A. 包括装卸费,但不计滞期费、速遣费　　B. 包括装卸费,但应计滞期费、速遣费
   C. 包括装卸费和滞期费,但不计速遣费　　D. 包括装卸费和速遣费,但不计滞期费

6. 我国对外贸易货物运输中,运输量最大的运输方式是(　　)。
   A. 海洋运输　　B. 航空运输　　C. 国际多式联运　　D. 铁路运输

7. 下列说法中,不属于班轮运输特点的是(　　)。
   A. 具有定线、定港、定期和相对稳定的运费费率
   B. 由船方负责对货物装卸,运输中包括装卸费
   C. 以运送大宗货物为主
   D. 不规定滞期、速遣条款

8. 我出口稻谷一批,因保险事故被海水浸泡多时而丧失其原有用途,货到目的港后只能低价出售,这种

损失属于( )。

　　A. 单独损失　　　　B. 共同损失　　C. 实际全损　D. 推定全损

9. 在海洋运输货物保险业务中,共同海损( )。

　　A. 是损失的一部分

　　B. 是全部损失的一种

　　C. 有时为部分损失,有时为全部损失

　　D. 是推定全损

10. 根据我国海洋货物运输保险条款的规定,承保范围最小的基本险别是( )。

　　A. 平安险　　　　　B. 水渍险　　　C. 一切险　D. 战争险

### 三、简答题

1. 简述有效接受的构成条件。
2. 简述外贸合同的生效条件。
3. 班轮运输有何特点?

# Chapter Seven
# Introduction to International Finance
# 第七章
# 国际金融导论

在国际贸易知识的学习中,我们了解到国际贸易最早开始于欧洲。15世纪,欧洲的商人开始到其他大陆经商,国际贸易在欧洲开始萌生。本章开始将对国际金融知识加以介绍。国际金融和国际贸易关系非常密切,国际金融起源于国际贸易,因为国际金融赖以出现的前提是以货币作为媒介的国家之间的商品交换。

18世纪中期,交通运输业的发展使运输成本大幅度降低,跨国贸易规模扩大,国际金融活动也开始发展起来。19世纪下半叶,经济发达国家大量输出商品借贷资本,国际贸易和国际金融进一步发展。20世纪中期以来,由于信息技术、运输技术高速发展并不断取得新的突破,因此各国之间的经济联系越来越密切,国际贸易和国际金融成为现代各国之间经济联系的基本形式。

本章主要介绍国际金融的概念及其主要内容。

## Learning target:

1. What is the international finance?
2. What are international finance institutions?
3. What are development of international finance?

## Key words:

| | |
|---|---|
| international finance | 国际金融 |
| international financial institutions | 国际金融机构 |
| financial globalization | 金融全球化 |
| financial deregulation | 金融自由化 |
| financial asset securitization | 金融资产证券化 |
| financial innovation | 金融创新化 |

## 7.1 Introduction of international finance

### 7.1.1 What is international finance?

International finance is the movement of currency funds generated by the economic, political, cultural, and other relations between countries and regions.

国际金融是指国家和地区之间由于经济、政治、文化等联系而产生的货币资金的周转和运动。

国际金融与一国的国内金融既有密切联系,又有很大区别。国内金融主要受一国金融法令、条例和规章制度的约束,而国际金融则受到各个国家互不相同的法令、条例以及国际通用的惯例和通过各国协商制定的各种条约或协定的约束。由于各国的历史、社会制度、经济发展水平各不相同,它们在对外经济、金融领域采取的方针政策有很大差异。

### 7.1.2 The basics of international finance

国际金融主要由国际收支、国际资本流动、汇率和外汇体系、外汇及外汇管制以及国际储备构成,它们之间相互影响、相互制约。譬如,国际资本流动必然产生国际收支;外汇汇率对国际收支又有重大影响;国际收支的许多重要项目同国际资本流动有关;等等。

## 7.2 Introduction to international finance institution

### 7.2.1 What are international finance institutions?

International finance institutions are super-national global associations which deal with the international financial management and activities.

国际金融机构是指从事国际金融管理和国际金融活动的超国家性质的组织机构。国际金融机构设立的宗旨是积极地协调国家之间的经济关系,促进国际经济合作。国际金融机构通过提供短期和长期贷款,帮助成员国解决国际收支流动性困难和促进长期经济增长。

### 7.2.2 The basics of international finance institutions

国际金融机构按照从事业务的地区范围可分为全球性国际金融机构和区域性国际金融机构。全球性国际金融机构主要包括国际货币基金组织和世界银行。区域性国际金融机构主要包括亚洲开发银行、非洲开发银行、欧洲复兴开发银行、美洲开发银行、亚洲基础设施投资银行。

1. Global finance institutions

The International Monetary Fund (IMF) is an international organization working to coordinate international monetary policy and reinforce global monetary cooperation.

(1)国际货币基金组织(International Monetary Fund,IMF)

国际货币基金组织是为了协调国际货币政策、加强国际货币合作而建立的一个国际金融机构。国际货币基金组织是根据1944年联合国国际货币金融会议通过的《国际货币基金协定》建立的。1945年12月27日成立,1947年3月1日开始运作,同年11月15日成为联合国的一个专门机构,总部设在美国首都华盛顿。

IMF的宗旨是:①通过建立一个能够提供共同协商国际货币问题的永久性机构来促进国际货币之间的协作;②维持国际贸易的均衡发展,提高会员国就业水平及实际收入水平,为开发生产性资源提供便利条件;③维持汇率稳定,避免竞争性货币贬值;④支持会员国间建立多边支付体系,消除阻碍世界贸易发展的外汇限制;⑤为会员国国际收支暂时性不平衡提供资金融通,避免使用伤害本国和世界经济繁荣的调节性措施;⑥争取缩短或减缓会员国国际收支不平衡的持续时间和程度。

IMF组织的资金来源:

①份额。会员国认缴的份额构成了IMF最主要的资金来源。份额的25%以特别提款权(SDR)或外汇缴纳,其余75%以本币缴纳。2015年12月18日,IMF最高决策机构理事会批准了关于IMF份额和治理改革的方案,中国一跃成为IMF第三大份额国(6.394%),仅次于美国(17.407%)和日本(6.464%)。按照改革后的最新份额比重,IMF十大成员国将依次为美国、日本、中国、德国、法国、英国、意大利、印度、俄罗斯和巴西。

The Special Drawing Right (SDR) is an international reserve asset, created by the IMF in 1969 to supplement its member countries' official reserves.

②借款。IMF通过和成员国达成协议,向成员国借入资金。借款除了通过政府渠道,也可以向私人机构借款。IMF在向成员国的非政府渠道借入货币时,必须征得成员国政府的同意。

③信托基金。从1976年1月开始,IMF决定将所持黄金的1/6分4年按照市价出售,用所获利润作为信托基金,向最贫困的发展中国家提供优惠贷款。

IMF的组织机构由理事会、执行董事会、总裁和若干业务机构组成。

①理事会是IMF的最高权力机构,由各成员国选派理事和副理事各一人组成。理事会对有关国际金融重大事务的方针、政策做出决策。

②执行董事会是IMF负责处理日常业务工作的常设机构,行使理事会托付的一切权力。董事由拥有基金份额

最多的国家各指定一名,其他成员国按选区推选任命。执行董事会对会员国的经济、金融方面的问题进行研究并向理事会提出年度报告。

③总裁由执行董事会推选,总裁兼任执行董事会主席,总管 IMF 的业务工作,是 IMF 的最高行政领导人。按照惯例,国际货币基金组织的总裁由欧洲人担任。

④发展委员会是"世界银行和国际货币基金组织理事会关于世界资源向发展中国家转移的联合部长级委员会"的简称。发展委员会致力于发展政策及发展中国家关注的其他问题的磋商讨论。

IMF 组织的主要业务为:

①贷款业务。贷款业务是 IMF 最主要的业务活动。IMF 向会员国政府提供贷款以解决会员国由于国际收支不平衡所造成的困难,贷款额度与会员国缴纳的份额成正比,贷款形式多样,特点明显。

②汇率监督。IMF 通过个别监督和多边监督来实现对会员国汇率政策的监督检查。个别监督是 IMF 对个别会员国汇率政策和有关经济政策进行的监督。多边监督是分析主要工业国家国际收支和汇率政策的相互作用,并估计这些政策如何促进世界经济的健康发展。

③提供培训、咨询等服务。IMF 还对会员国提供包括培训、咨询等在内的服务。为提高会员国专业人员的素质,IMF 除组织培训外,还编辑、出版各种反映世界经济、国际金融专题的刊物和书籍。另外,IMF 派往各地的人员积极收集和反馈世界各国的经济动向。

(2)世界银行(The World Bank)

> The World Bank is an international financial institution that provides loans to developing countries for capital programs.

世界银行是为发展中国家资本项目提供贷款的国际金融机构。世界银行是根据 1944 年 7 月《国际复兴开发银行协定》而与国际货币基金组织同时建立的国际金融机构,1945 年 12 月 27 日正式成立。1947 年 11 月成为联合国的一个专门机构,总部设在美国首都华盛顿。世界银行由五个机构组成:国际复兴开发银行(IBRD)、国际开发协会(IDA)、国际金融公司(IFC)、多边投资担保机构(MIGA)和解决投资争端国际中心(ICSID)。

世界银行虽然是营利性组织,但不是以利润最大化为经营目标。世界银行的宗旨是:①对用于生产目的的投资提供便利,以协助会员国的复兴与开发;②通过对私人贷款提供保证或直接参与私人贷款,促进私人对外投资;③通过鼓励国际投资、开发会员国生产资源的办法,促进国际贸易的长期均衡发展,维护国际收支平衡;④在提供贷款保证时,应同其他形式的国际贷款相配合。

世界银行的资金来源:

①会员国缴纳的股本。按照世界银行的规定,会员国认缴的股份分为两部分:20%以现金支付;其余80%为待缴股本,在世界银行催缴时以黄金、美元或世界银行需要的其他货币支付。2010年4月25日,世界银行发展委员会通过了新一轮的投票权改革方案,改革完成后,世界银行的前十大股东国分别为美国(15.85%)、日本(6.84%)、中国(4.42%)、德国(4.00%)、法国(3.75%)、英国(3.75%)、印度(2.91%)、俄罗斯(2.77%)、沙特阿拉伯(2.77%)和意大利(2.64%)。

②借款。世界银行本身的资金有限,而各会员国贷款的需求量却很大,所以世界银行贷款的绝大多数资金并不是靠会员国缴纳的股金,而是通过会员国或在国际金融市场上发行债券等方式筹集的。

③债权转让。世界银行筹措资金的另一个重要渠道是将世界银行贷出款项的债权转让给私人投资者(一般是商业银行),收回一部分资金,以扩大世界银行贷款资金的周转能力。

④利润收入。世界银行来自投资和贷款的利润收入也是其重要的资金来源之一。由于其资信卓越,经营得法,每年的利润收入相当可观。

世界银行是按照股份公司形式建立起来的企业性金融机构,它的组织结构由理事会、执行董事会和行长组成。

①理事会是世界银行的最高权力机构,由会员国委派理事和副理事各一人组成。理事会的主要职权包括:批准接纳新会员国,增减世界银行资本,停止会员国资格,决定世界银行净收入的分配以及其他重大问题。

②执行董事会负责处理世界银行的日常事务,由24人组成。其中5人由持有股份最多的美、英、德、法、日5国指派,其余19人由其他成员国按地区分组推选。执行董事会的主要职权包括批准贷款和担保项目、新的方针政策、行政预算以及借款和财政决策。

③行长是世界银行的最高行政领导人。行长担任执行董事会主席,负责世界银行的全面管理。按照传统,世界银行行长都是由拥有股份最多的国家,即美国公民担任。

世界银行的主要业务为:

①发放贷款。这是世界银行最主要的、最多的业务。世界银行的贷款对象主要限于会员国的政府、中央银行提供担保的公、私机构。世界银行贷款期限较长,一般为15~

20年,最长可以达30年。贷款利率实行浮动汇率,一般低于市场利率,另外按年收取 0.75% 的承担费。

②提供技术援助。向成员国提供技术援助是世界银行业务活动的一个重要组成部分。这种技术援助通常与贷款工程项目相结合,以帮助贷款国进行工程项目的组织与管理,努力提高资金使用效率。同时,世界银行建立了一个经济发展学院,主要为发展中国家培训中高级技术管理人才。

2. Regional finance institutions

(1) 亚洲开发银行(The Asian Development Bank)

The Asian Development Bank (ADB), a regional development bank, is dedicated to reducing poverty in the Asian-Pacific region through loans, grants, economic research, dialogue of policies, technical assistance and equity investment.

亚洲开发银行(简称亚行)是一个致力于通过贷款、赠款、经济研究、政策对话、技术援助和股本投资等方式帮助亚洲和太平洋地区减贫的区域性开发银行。亚洲开发银行是根据1965年在马尼拉召开的第二届亚洲经济合作部长级会议通过的《亚洲开发银行章程》建立的,1966年11月24日,亚洲开发银行正式成立,总部设在菲律宾首都马尼拉。

亚洲开发银行的宗旨是:①向其会员国或地区成员提供贷款和技术援助;②帮助协调各会员国在经济、贸易和发展方面的政策;③与联合国及其专门机构进行合作以促进亚洲及太平洋地区的经济。

亚洲开发银行的组织结构由理事会、董事会和行长组成。

①理事会是亚行的最高权力机构,由每个成员国指派理事和副理事各一人组成。理事会的主要职权是接纳新成员和确定接纳条件,增减亚行核定股本,批准与其他国际组织缔结的合作协定,选举执行董事和行长,批准亚行的总资产负债表和损益报告书,决定亚行储备金以及纯收益的分配等。

②董事会负责亚行的日常经营活动。董事会由12名董事组成,其中亚太地区成员国选举8名,非亚太地区成员国选举4名。董事会的主要职责包括亚行的贷款、借款和其他业务开支方案等。

③行长是亚行的最高行政负责人。亚行的行长由理事会选举产生,并担任董事会主席,负责亚行日常业务以及亚行其他行政官员和工作人员的聘任与辞退。按照惯例,亚行行长必须是亚太地区公民。

亚洲开发银行的资金来源于普通资金和特别基金。特别基金包含亚洲开发基金、技术援助特别基金和日本特别基金。

普通资金用于亚洲开发银行的硬贷款业务。这是亚洲开发银行进行业务活动最主要的资金来源。普通资金来源于亚行的股本、借款、普通储备金、特别储备金、净收益和预交股本等。

①股本。股本是成员国必须向亚行缴纳的股份资金。成员国的股本中认缴股本和待缴股本各占50%。其中认缴股本一半以黄金或可自由兑换货币支付,另一半以本国货币支付。待缴股本由成员国保存,在亚洲开发银行催缴时以黄金、可自由兑换货币或亚行需要的货币支付。截至2013年12月底,亚行有67个成员,其中48个来自亚太地区,19个来自其他地区。按各国认股份额,中国居第三位(6.44%),日本和美国并列第一(15.60%)。

②借款。在亚洲开发银行成立之初,自有资本是亚洲开发银行发放贷款的主要资金来源,随着业务的不断发展,亚行开始向国际金融市场借款。借款多数是依靠在国际资本市场上以发行长期债券形式募集,有时也直接从商业银行贷款。

③普通储备金。按照亚洲开发银行的有关规定,亚洲开发银行理事会把其净收益的一部分作为普通储备金。

④特别储备金。对1984年以前发放的贷款,亚洲开发银行除收取利息和承诺费以外,还收取一定数量的佣金以留作特别储备金。

⑤净收益。亚行从发放贷款所得的利息、承诺费和其他收入中,扣除利息支出、行政管理费和成员的服务费所得的净收入部分,不再进行分红或再分配,而作为自有资金来支配。

⑥预交股本。亚洲开发银行认缴的股本采取分期交纳的办法,在法定认缴日期之前认缴的股本即是预交股本。

亚洲开发基金创建于1974年6月,基金主要来自亚洲开发银行发达会员国或地区成员的捐赠,用于向亚太地区贫困国家或地区发放优惠贷款。同时亚洲开发银行理事会按有关规定从各会员国或地区成员缴纳的未核销实缴股本中拨出10%作为基金的一部分。此外,亚洲开发银行还从其他渠道取得部分赠款。

技术援助特别基金于1967年建立。技术援助特别基金的主要作用是提高发展中国家或地区成员的人力资源素质以及加强执行机构的建设。该项基金的来源为:①赠款;②根据亚洲开发银行理事会1986年10月1日会议决定,在为亚洲开发基金增资36亿美元时将其中的2%拨给技术援助特别基金。

亚洲开发银行理事会于1988年3月10日决定成立日

本特别基金。该基金主要用于：①以赠款的形式，资助会员国或地区成员的公营、私营部门中进行的技术援助活动。②通过单独或联合的股本投资，支持私营部门的开发项目。③以单独或联合赠款的形式，对亚洲开发银行向公营部门开发项目进行贷款的技术援助部分予以资助。

亚洲开发银行的业务活动：

①贷款。这是亚洲开发银行最主要的业务活动。亚洲开发银行贷款按贷款条件可分为硬贷款和软贷款。硬贷款的利率为浮动利率，按国际金融市场状况每半年调整1次，期限一般为10~30年，含2~7年的宽限期。软贷款即优惠贷款，仅提供给人均GNP低于670美元（1983年的标准）的贫困成员，贷款期限40年，不收利息，仅收取1%的手续费。

②对会员国提供技术援助。亚洲开发银行的技术援助可分为项目准备技术援助、项目执行援助、咨询性技术援助和区域活动技术援助。主要包括提供咨询服务、派遣长期或短期专家顾问团访问指导、协助拟定和执行开发计划等内容。

（2）非洲开发银行（The African Development Bank）

> The African Development Bank (AfDB) is a regional multilateral development bank, engaged in promoting the economic development and social progress of African countries.

非洲开发银行（简称非行）是一家区域性多边开发银行，旨在推动非洲地区成员国的经济发展和社会进步。1964年9月，非洲开发银行正式成立。1966年7月1日开业，总部设在科特迪瓦首都阿比让。2002年，因科特迪瓦政局不稳，临时搬迁至突尼斯至今。

非洲开发银行的宗旨是，向非洲成员国提供贷款和投资，或给予技术援助，以充分利用本大陆的人力和资源，促进各国经济的协调发展和社会进步，尽快改变非洲贫穷落后的面貌。

非洲开发银行的最高决策与权力机构是理事会，由各成员国指派一名理事组成，理事一般由各国财政部长或中央银行行长担任，理事会每年召开一次会议。每个理事的投票表决权根据成员国缴纳股本的多少确定。理事会选举出18名成员组成董事会，董事会负责非行的日常经营活动。董事会选举非行的行长，行长即董事会主席，在董事会指导下安排非行的日常业务工作。

非洲开发银行的主要资金来源为会员国缴纳的股金。为了解决贷款资金的来源，非洲开发银行先后建立了四个机构：

①非洲投资开发国际金融公司。1970年11月成立，公司设在日内瓦，目的是动员国际私人资本建设和发展非

洲的生产性企业。

②非洲开发基金。1972年7月在经济合作与发展组织援助下设立。其宗旨与职能是协助非行对非洲最贫穷的国家提供贷款,重点是农业、乡村开发、卫生、教育事业等。

③尼日利亚信托基金。1976年2月成立,由非行和尼日利亚政府共同建立。主要目的是与其他基金合作,向成员国提供低息项目贷款,贷款主要用于会员国公用事业和交通运输部门的建设。

④非洲再保险公司。该公司由非行投资建立,1977年3月成立,总公司设在拉各斯。其宗旨是加速发展非洲保险业,通过投资和提供保险等技术援助,促进非洲国家的经济自立和加强区域性合作。

非洲开发银行的业务分为普通业务和特别业务。普通业务使用该行的普通资本基金提供贷款和担保贷款。特别业务使用该行设立的有专门用途的特别基金开展贷款业务。特别贷款的条件非常优惠,不计利息,贷款期限最长可达50年。非洲开发银行的贷款主要用于农业、交通运输业、公用事业、工业和金融部门。

(3)欧洲复兴开发银行(The European Bank for Reconstruction and Development)

The European Bank for Reconstruction and Development (EBRD) is a multilateral development investment bank, using investment as a tool to promote the economic development of European countries.

欧洲复兴开发银行(简称欧行)是一个多边发展投资银行,它运用投资作为一种工具来推动欧洲国家的经济发展。建立欧洲复兴开发银行的设想是由法国前总统密特朗于1989年10月首先提出的,他的设想得到了欧洲共同体各国和其他国家的积极响应。欧洲复兴开发银行于1990年在法国巴黎成立,总部设在英国首都伦敦。

欧洲复兴开发银行的宗旨是帮助和支持中欧和东欧国家向市场经济转化,激发中欧、东欧私营企业的积极性。欧行争取成为研究欧洲地区向市场经济转轨、积累和交流经验的中心,并为协调在这些国家实施的项目发挥积极作用。

理事会为欧洲复兴开发银行的最高权力机构,由每个成员国委派正副理事各一名组成,每年举行年会一次。理事会授权董事会处理日常业务,董事会由23个成员的董事组成,董事任期3年。欧洲复兴开发银行行长由理事会选举产生,任期4年。行长是欧洲复兴开发银行的法人代表和最高行政长官,负责欧行日常业务,主持董事会会议;副行长由行长推荐、董事会任命。

欧洲复兴开发银行的创办资本为100亿欧洲货币单位(约合120亿美元)。欧盟委员会(前欧洲共同体委员会)、欧洲投资银行和39个国家在银行中拥有股权。最大股份拥有者是美国,占 10%,其次是法国、德国、意大利、日本和英国,各占 8.5%,东欧国家总共拥有股份 11.9%,其中苏联占有 6%。

欧洲复兴开发银行主要通过以下业务活动来支持中欧及东欧的经济改革:提供必要的技术援助和人员培训;帮助受援国政府制定政策及措施,推动其经济改革,帮助其实施非垄断化、非中央集权化及非国有化;为基本建设项目筹集资金;参加筹建金融机构及金融体系;帮助支持筹建工业体系,尤其注意扶持中小型企业的发展。

(4)美洲开发银行(The Inter-American Development Bank)

The Inter-American Development Bank (IDB), the oldest and largest regional multilateral development bank, is the main source of multilateral financing for economic, social, and institutional development in Latin America and the Caribbean countries.

美洲开发银行也叫泛美开发银行,是历史最悠久、规模最大的区域性多边开发银行,它是拉丁美洲和加勒比地区的经济、社会和机构发展的多边融资的主要来源。美洲开发银行成立于 1959 年 12 月 30 日,总行设在美国首都华盛顿。

美洲开发银行的宗旨是集中各成员国的力量,对拉丁美洲国家的经济、社会发展计划提供资金和技术援助,并协助它们单独地和集体地为加速经济发展和社会进步作出贡献。

董事会是美洲开发银行的最高权力机构。董事会由各成员国委派一名董事组成,每年举行一次会议。执行董事会为董事会领导下的常设机构,由 12 名董事组成,其中拉美国家 8 名,美国和加拿大各 1 名,其他地区国家 2 名。行长和副行长在执行董事会领导下主持日常工作,行长由理事会选举产生,副行长由执行董事会任命。分支机构设在拉美各成员国首都,巴黎和伦敦设有办事处。

美洲开发银行资金来源主要是成员国的分摊、发达国家成员国的提供和在世界金融市场和有关国家发放债券。1960 年开业时拥有资金 8.13 亿美元。认缴股份较多的国家有:美国占 30.008%,阿根廷和巴西各占 10.752%,墨西哥占 6.912%,委内瑞拉占 5.761%,加拿大占 4.001%。1994 年,该行的核定股本从 610 亿美元增至 1 010 亿美元。截至 2005 年底,总资产为 653.8 亿美元。

美洲开发银行的主要业务是发放贷款。贷款分为普通基金贷款和特别业务基金贷款。普通基金贷款的对象是政府和公司机构的有关经济项目,贷款期 10~25 年,利率一般为 8%。特别业务基金贷款主要用于公共工程事业,贷款期 20~40 年,年息 1%~4%。此外,美洲开发银行还有一项社会发展信托贷款,主要用于资助低收入人群生活必备的项目,如住房建筑、自来水供应和医用卫生设备等。

(5)亚洲基础设施投资银行(The Asian Infrastructure Investment Bank)

The Asian Infrastructure Investment Bank (AIIB) is a regional multilateral development agency in Asia. It focus on supporting the infrastructure construction in the Asia-Pacific region.

亚洲基础设施投资银行(简称亚投行)是一个政府间性质的亚洲区域多边开发机构,重点支持亚太地区的基础设施建设。其总部设在中国首都北京。亚投行成立的宗旨是促进亚洲区域的建设互联互通化和经济一体化的进程,并加强中国及其他亚洲国家和地区的合作。

2013年10月2日,中国国家主席习近平提出筹建亚洲基础设施投资银行。2014年10月24日,包括中国、印度、新加坡等在内的21个首批意向创始成员国的财长和授权代表在北京签约,共同决定成立亚洲基础设施投资银行。

截至2015年4月15日,亚洲基础设施投资银行意向创始成员国确定为57个,其中域内国家37个,域外国家20个。亚洲基础设施投资银行意向创始成员国涵盖了除美、日和加拿大之外的主要西方国家,以及亚欧区域大部分国家,成员遍及五大洲。其他国家和地区今后仍可以作为普通成员加入亚洲基础设施投资银行。

2015年6月29日,《亚洲基础设施投资银行协定》签署仪式在北京举行,亚投行57个意向创始成员国财长或授权代表出席了签署仪式。2016年1月16日,亚投行正式开业。

根据《亚洲基础设施投资银行协定》,亚洲基础设施投资银行的法定资本为1 000亿美元,法定股本分为实缴股本和待缴股本,其中实缴股本为200亿美元,待缴股本为800亿美元。各意向创始成员以国内生产总值(GDP)衡量的经济权重作为各国股份分配的基础。目前,由于个别国家未足额认缴按其GDP占比分配的法定股本,亚洲基础设施投资银行总认缴股本为981.514亿美元,剩余18.486亿美元为未分配股本。其中,中国认缴股本297.804亿美元,股本金占亚洲基础设施投资银行总股本金的30.34%,为最大股东。其余前四大股东分别为印度、俄罗斯、德国、韩国和澳大利亚(其中韩国和澳大利亚并列第五)。

亚洲基础设施投资银行主要组织机构包括理事会、董事会和银行管理层,其组织结构将采取股份制银行的运行模式。其中,理事会为最高权力决策机构,由各创始成员国财长组成,并根据《亚洲基础设施投资银行协定》授予董事会和银行管理层一定权力。董事会由理事会选举出的总裁主持,主要负责对日常事务的管理。董事会负责指导银行的总体业务,由12名董事组成,分别来自9个域内成员选区和3个域外成员选区。中国作为第一大股东国,拥有单独选区。银行管理层则是由行长、副行长、首席运营官等组成的专业团队,负责亚投行日常运营的具体工作。亚投行首任行长为中国人,5位副行长分别来自英国、韩国、印度、德国和印度尼西亚5个国家。

作为由中国提出创建的区域性金融机构,亚洲基础设施投资银行主要业务是援助亚太地区国家的基础设施建设。在全面投入运营后,亚洲基础设施投资银行将运用一系列支持方式为亚洲各国的基础设施项目提供融资支持,包括贷款、股权投资以及提供担保等,以振兴包括交通、能源、电信、农业和城市发展在内的各个行业投资。

## 7.3　The development of international finance

### 7.3.1　Financial globalization

Financial globalization is defined as global flows of cross-border financial assets.

金融全球化是指金融资产跨国界在全球范围内流动。金融全球化表现为金融活动按全球同一规则运行,同质的金融资产价格趋于等同,巨额国际资本通过金融中心在全球范围内迅速运转,从而形成全球一体化的趋势。

金融活动的全球化主要可包括几个方面:首先,资本流动全球化。随着投资行为和融资行为的全球化,即投资者和融资者都可以在全球范围内选择最符合自己要求的金融机构和金融工具,资本流动也全球化了。其次,金融机构全球化。金融机构是金融活动的组织者和服务者。金融机构全球化是指金融机构在国外广设分支机构,形成国际化或全球化的经营。最后,金融市场全球化。金融市场是金融活动的载体,金融市场全球化就是金融交易的市场超越时空和地域的限制而趋向于一体。目前全球主要国际金融中心已连成一片,全球各地以及不同类型的金融市场趋于一体,金融市场的依赖性和相关性日益密切。

### 7.3.2　Financial deregulation

Financial deregulation is also called financial deepening. It mainly includes untying or eliminating restrictions on financial institutions and financial markets.

金融自由化也称"金融深化",它主要包含放松或消除对金融机构和金融市场的限制。金融自由化理论主张改革金融制度,改革政府对金融的过度干预,增强国内的筹资功能以改变对外资的过度依赖,放松对利率和汇率的管制使之市场化,从而使利率能反映资金供求关系,汇率能反映外汇供求关系,促进国内储蓄率的提高,最终达到抑制通货膨胀、刺激经济增长的目的。

金融自由化的形式主要包括利率自由化、合业经营、业务范围自由化、金融机构自由准入和资本自由流动等。

### 7.3.3 Financial asset securitization

Financial asset securitization creates liquidity to illiquid financial assets through the process of converting them to securities that can be freely bought and sold in the financial market.

金融资产证券化是指将缺乏流动性的金融资产,转换为在金融市场上可以自由买卖的证券的过程,使其具有流动性。一般来说,银行可以把住宅、汽车、租赁的债权作为担保,发行抵押证券,以供投资者购买,或是企业发行金融债券筹措资金,进行直接融资。

资产证券化的最初形式就是将期限和利率大致相同的同质住宅抵押贷款等金融资产聚集成一个集合基金,然后发行以集合基金直接担保的抵押担保证券。比较典型的适合于证券化的资产还有汽车贷款、信用卡应收款、租赁收款等。资产的证券化使银行等金融机构加速了资金周转,增加了收益。

### 7.3.4 Financial innovation

Financial innovation refers to changing and developing the existing financial system and instruments, in order to obtain the potential profits which can not be achieved by the present financial system and instruments.

Internet finance refers to a financial business model of financing, payment, investment and information intermediary services achieved through the internet and information communications technology by traditional financial institutions and internet companies.

金融创新是指变更和发展现有的金融体制及金融工具,以获取现有的金融体制和金融工具所无法取得的潜在利润。金融创新是一个为盈利动机推动、缓慢进行、持续不断的发展过程。中国人民银行《2014年中国金融稳定报告》指出:21世纪以来,随着互联网技术和移动终端设备的广泛使用,借助网络实现资金支付、融通和信息中介服务的互联网金融飞速发展。

互联网金融是指传统金融机构与互联网企业利用互联网技术和信息通信技术实现资金融通、支付、投资和信息中介服务的新型金融业务模式。互联网金融不是互联网和金融业的简单结合,而是在实现安全、移动等网络技术水平上,被用户熟悉接受后(尤其是对电子商务的接受)自然而然为适应新的需求而产生的新模式及新业务,是传统国际金融与互联网精神相结合的新兴领域。

根据业务形式和服务对象的不同来划分,欧美的互联网金融业务模式大致可分为7种:(1)第三方支付,典型代表是美国的Paypal,主要是为网上供货商和拍卖网站提供代收服务,是目前全球使用最为广泛的网上交易工具;(2)网络理财,其中又可分为个人理财(比如Fundsdirect,是英国首家互联网基金超市)和社区理财(比如LearnVest,是针对女性客户群体设立的基于个人理财咨询、服务、交流的金融社区平台);(3)网络融资,主要包括众筹、小额借贷和P2P三种模式;(4)服务平台,比如搜索和比较消费金融产品的 Lendingtree、提供地产和按揭市场信息的 Zillow 等；(5)信用卡服务；(6)互联网券商，比如 Charles Schwab 是美国最大的在线证券交易商，为客户提供低价的在线经纪业务；(7)互联网交易所，比如 SecondMarket，为客户提供一个可以交易限售股权、破产债权、有限合伙权益、结构性产品(MBS、CDO、ABS)和非上市公司股权转让的平台。

当前我国的互联网＋金融格局，由传统金融机构和非金融机构组成。传统金融机构主要是指传统金融业务的互联网创新以及电商化创新、APP 软件等；非金融机构则主要指利用互联网技术进行金融运作的电商企业、P2P 模式的网络借贷平台、众筹模式的网络投资平台、挖财类模式的手机理财 APP(理财宝类)以及第三方支付平台等。

## Reading

### 人民币正式加入 SDR

北京时间 2015 年 12 月 1 日凌晨 1 点，国际货币基金组织(IMF)正式宣布，将人民币正式纳入特别提款权(SDR)货币篮子，且权重占比超过日元和英镑，位于美元、欧元之后成为 SDR 篮子第三大货币。人民币入篮后，在 SDR 篮子中的比重为 10.92%。其他四种货币的权重则相应减少：美元比重将从 41.9% 降至 41.73%；欧元从 37.4% 降至 30.93%；英镑从 11.3% 降至 8.09%；日元从 9.4% 降至 8.33%。

作为国际储备货币使用的 SDR，亦称为"纸黄金"，并不是真正的货币，只是 IMF 分配给成员国的一种用来补充储备资产的手段。IMF 每 5 年对 SDR 货币占 SDR 比重进行修订。根据 IMF 的规定，一国货币能否进入货币篮子的判断标准有两个：该货币是否为被广泛使用的货币，以及该货币是否被"自由"使用的货币。

所谓广泛使用主要是指该种货币的使用量，它可以通过经济规模和贸易量来进行衡量。截至 2014 年，中国是世界第二大经济体，GDP 占全球生产总值的比重达 13.4%；中国也是世界第一大贸易国，占全世界贸易量的 12.2%。因此，从使用的广泛性来说，以商品、劳务出口总额的标准看，人民币完全达到了加入 SDR 货币篮子的标准。

所谓"自由使用"包括两层含义：其一是该货币在国际收支中自由使用；其二是该货币在外汇市场上自由交易。在经常项目上，人民币早在 1997 年就已实现了自由兑换，2009 年开始，人民币已经逐渐被自由用于贸易和投资结算；然而在资本项目方面，人民币的自由兑换还存在一些限制，这成为人民币加入 SDR 的主要障碍。IMF 在 5 年前的审核中，就曾以货币自由化程度未达标准为由，否决了人民币的加入申请。距离上一轮评估已过去整整 5 年，IMF 终于批准人民币"入篮"。

IMF 总裁拉加德在接受媒体采访时表示："将人民币纳入 SDR 是对中国一系列具有重大意义的改革的认可，是对中国经济开放的认可，也是对中国政府未来将遵守市场化原则的认可，这对人民币和中国而言具有重要象征性意义，未来一系列改革将继续推进。"

那么，人民币被纳入 SDR 究竟对中国有何意义？瑞银中国首席经济学家汪涛对此问题的解答如下：

1. 加入 SDR 将提升人民币作为储备货币的地位

瑞银中国首席经济学家汪涛在接受《中国经济周刊》记者采访时表示，人民币加入 SDR 并不会增加 SDR 总量(目前有 2040 亿单位 SDR，约合 2800 亿美元)，也不意味着 IMF 成员国必须立刻购买人民币资产。汪涛坦言："人民币加入 SDR 标志着 IMF 及其成员国官方对人民币的认可，长期来看，政府和私人资产管理部门都可能增加人民币资产配置。不过，国内债券市场的发展和流动性、人民币汇率预期等也将影响对人民币资产的配置。"

其实,作为 IMF 于 1969 年创设的一种补充性储备资产,SDR 总量仅占全球央行储备总资产的 2.5%,其篮子货币权重也并非 IMF 成员国储备管理的配置基准。"SDR 仅是一种名义上的储备货币和记账单位。人民币加入 SDR 带来的唯一变化是目前的部分(即 10.92%)SDR 将自动用人民币计价,成员国层面无须任何操作。"汪涛表示,对于 IMF 而言,这意味着 2016 年 10 月 1 日之后,如果成员国与 IMF 达成借款协议,成员国可以选择获取等价 SDR 的人民币。

虽然 SDR 相对全球外汇总储备规模较小,且 SDR 篮子货币权重并非各国储备管理的配置基准,但 SDR 是每个 IMF 成员国都持有的官方储备资产,加入 SDR 标志着人民币已获得 IMF 及其成员国的官方认可。因此,未来几年对人民币的需求可能会显著提升。当然,许多国家的官方储备已经包含人民币资产。

IMF 此前的一份调查表明,已有 38 个国家持有人民币资产,占其全部外汇资产的 1.1%。在 2015 年 6 月瑞银进行的年度储备资产管理调查中,有超过 70% 的受访者表示,他们已经或在考虑投资人民币资产,18% 的受访者表示将在近期内增加其人民币资产敞口。中国人民银行此前也曾表示人民币已成为全球第七大储备货币。

2. 人民币"入篮"将成国内金融改革的催化剂

汪涛告诉《中国经济周刊》记者:"人民币加入 SDR 表明国际社会对中国经济融入世界经济的认可,也是对人民币可以广泛使用地位的认可,这样一个认可可能会增加其他一些中央银行和主权财富基金持有更多人民币资产的意愿。加入 SDR 是人民币国际化的一个重要里程碑,而人民币国际化也是促进开放、促进金融改革和整体经济改革的催化剂。"

汪涛认为,人民币加入 SDR 并不意味着中国将在 2016 年实现资本项目完全可兑换,不过中国将继续以加入 SDR 为契机推进资本账户开放和金融领域改革。人民币加入 SDR 需满足"可自由使用"标准,而不需要资本账户完全可兑换。不过,中国政府已经并将继续以加入 SDR 为契机推进金融市场改革,包括更灵活的汇率形成机制、推进资本账户开放等。

瑞银证券的宏观报告也认为,加入 SDR 的重要性将体现在,决策层会以人民币加入 SDR 为契机和催化剂,为实现进一步人民币国际化的目标,将着力推进落实国内金融改革和资本项目开放。

"十三五"规划建议中,中央要求未来 5 年要"有序实现人民币资本项目可兑换"。汪涛认为,"但短期而言,鉴于资本外流压力和人民币贬值预期加剧,我们预计决策层开放资本账户的步伐将相对谨慎。虽然未来许多相关政策可能得以放松、在岸和离岸的人民币业务范围有望扩大,但对企业和居民资本流动的管制措施可能会延续 2015 年 8 月以来的状态,甚至在实际操作中小幅收紧,以稳定资本流动和人民币汇率"。

中国人民银行副行长易纲强调,加入 SDR 不是一劳永逸,一种货币在符合条件的时候可以加入 SDR,当它不符合条件时也可以退出 SDR。所以我们要继续改革开放,这样人民币作为 SDR 篮子货币的地位才能不断巩固。

资料来源:编者根据 2015 年 12 月《中国经济周刊》报道整理而得。

## Summary

1. International finance is the movement of currency funds generated by the economic, political, cultural, and other relations between countries and regions.

2. International finance institutions are super-national global associations which deal with the international financial management and activities.

3. International finance institutions are divided into global financial institutions and regional financial institutions.

4. Global financial institutions consist of The International Monetary Fund and The World Bank.

5. Regional financial Institutions refer to The Asian Development Bank, The African Development Bank, The European Bank for Reconstruction and Development, The Inter-American Development Bank and The Asian Infrastructure Investment Bank.

6. The development of international finance are: financial globalization, financial deregulation, financial asset securitization and financial innovation.

## Exercises

### 一、名词解释

国际金融　　国际金融机构　　国际货币基金组织　　世界银行　　金融全球化　　金融自由化
金融资产证券化　　金融创新化　　互联网金融

### 二、单项选择题

1. 国际货币基金组织成立的时间是(　　)。
   A. 1944 年　　　　　B. 1945 年　　　C. 1946 年　D. 1947 年
2. 国际货币基金组织的最高权力机构是(　　)。
   A. 监事会　　　　　B. 执行董事会　C. 理事会　D. 总裁
3. 国际货币基金组织的日常业务由(　　)负责。
   A. 执行董事会　　　B. 总裁　　　　C. 理事会　D. 业务职能机构
4. 世界银行的贷款期限最长可达(　　)。
   A. 10 年　　　　　　B. 25 年　　　　C. 30 年　D. 50 年
5. 亚行业务活动最主要的资金来源是(　　)。
   A. 普通资金　　　　　　　　　　　B. 亚洲开发基金
   C. 日本特别基金　　　　　　　　　D. 技术援助特别基金

### 三、多项选择题

1. "二战"后建起的全球性金融组织是(　　)。
   A. 国际货币基金组织　　　　　　　B. 世界银行
   C. 欧洲复兴开发银行　　　　　　　D. 美洲开发银行
2. 国际货币基金组织的资金来源为(　　)。
   A. 股本　　　　　　B. 份额　　　　C. 借款　D. 信托基金
3. 国际货币基金组织的业务活动包括(　　)。
   A. 汇率监督　　　　　　　　　　　B. 提供培训、咨询
   C. 创造储备资产　　　　　　　　　D. 贷款业务
4. 世界银行的资金来源有(　　)。
   A. 股金　　　　　　B. 借款　　　　C. 利润收入　D. 债权转让
5. 亚行的资金来源包括(　　)。
   A. 普通资金　　　　　　　　　　　B. 亚洲开发基金
   C. 日本特别基金　　　　　　　　　D. 技术援助基金

### 四、简答题

1. 简述国际金融的概念及内容。

2. 国际金融机构按照从事业务的地区范围可分为哪两类？每一类又包含哪些国际金融机构？
3. 简述国际金融的发展趋势。

# Chapter Eight
# Balance of Payments
# 第八章
# 国际收支

国家外汇管理局国际收支分析小组《2014年国际收支报告》中指出,2014年我国国际收支在振荡中趋向基本平衡。经常项目顺差2 197亿美元,较上年增长48%。其中,货物贸易顺差增长32%,服务贸易逆差扩大54%。同时,资本和金融项目顺差382亿美元,跨境资本流动的波动性明显增强。2014年,我国新增储备资产1 178亿美元,较上年回落3.4%。

该报告预计2015年我国国际收支仍将保持国际收支双顺差的格局。外汇管理部门将主动适应国际收支形势的新常态,以促进国际收支平衡为目标、以防范跨境资本冲击为前提,继续促进贸易投资便利化,积极推动外汇市场发展,稳步推进人民币资本项目可兑换等关键改革,加快构建宏观审慎管理框架下的外债和资本流动管理体系,完善外汇储备经营管理。

资料来源:根据国家外汇管理局《2014年国际收支报告》整理而来。

思考:
1. 什么是国际收支?
2. 国际收支包括哪些项目?
3. 国际收支双顺差是什么意思?

## Learning target:

1. What is balance of payments?
2. What is balance of payments presentation?
3. What are accounts of balance of payments presentation?
4. What are balance of payments equilibrium and disequilibrium?
5. What are adjustments of balance of payments disequilibrium?

## Key words:

| | |
|---|---|
| balance of payments | 国际收支 |
| current account | 经常项目 |
| reserve assets | 储备资产项目 |

| | |
|---|---|
| balance of payments disequilibrium | 国际收支失衡 |
| adjustment of balance of payments disequilibrium | 国际收支失衡的调节 |
| balance of payments presentation | 国际收支平衡表 |
| capital and financial account | 资本和金融项目 |
| net errors and omissions account | 净误差与遗漏项目 |

## 8.1　What is balance of payments?

### 8.1.1　Definition of balance of payments

Balance of payments is the record of all economic transactions that take place over a specified time period between residents and non-residents of a given country.

国际货币基金组织关于国际收支是这样定义的：国际收支是指在一定时期内一国居民与非居民之间全部经济交易的系统记录。国际收支一般按一年、半年或一个季度计算。一国的国际收支不但反映它的国际经济关系，而且反映它的经济结构和经济发展水平。

### 8.1.2　The basics of balance of payments

1. 国际收支是流量、事后的概念，一般以一年或者半年为报告期。

2. 国际收支记录的是居民与非居民之间的交易。

Resident of a country refers to a person who lives in a country or a region for more than one year. Otherwise the person is non-resident of a country.

居民是指在某个国家（或地区）居住1年以上者，否则即为非居民。居民与非居民包括个人、非营利团体、企业、政府四类。个人即居民自然人，非营利团体、企业、政府则属于居民法人。

需要特别指出的是：一个国家的外交使节、驻外军事人员，尽管在另一国家居住一年以上，仍是派出国的居民，而非居住国的居民；国际性机构，如国际货币基金组织、世界银行等都不是某一国家的居民，而是任何国家的非居民。

3. 不论交易是否已经结清，只要交易发生就计入国际收支。

4. 国际收支记账单位是外国货币，比如美元。

## 8.2　What is balance of payments presentation?

### 8.2.1　Definition of balance of payments presentation

Balance of payments presentation is a statistical statement of all

国际收支平衡表，也称国际收支差额表，它是系统记录一国在一定时期内所有的国际经济活动收入与支出的统计报表。一国与别国发生的一切经济活动,不论是否涉及外汇收支都必须记入该国的国际收支平衡表中,各国编制国际收支平衡表的主要目的,是为了有助于全面了解本国的涉外经济关系,并以此进行经济分析、制定合理的对外经济政策。

### 8.2.2 Principle of balance of payments presentation

> revenue and expenditure in international economic activities of a given country over a specified time period.

国际收支平衡表是按照复式簿记法来编制的。复式簿记法的基本原理是:任何一笔交易发生,必然涉及借方和贷方两个方面,借贷必相等,因此任何一笔交易都要以同一数额记两次,一次记在借方,一次记在贷方。凡是引起外汇收入或外汇供给的交易都列入贷方,凡是引起外汇支出或外汇需求的交易都列入借方。国际储备正好相反,国际储备的增加要列入借方,国际储备的减少要列入贷方。

> Balance of payments presentation is presented in the form of double-entry bookkeeping.
> Any transactions that results in an earning of foreign exchange will be recorded as a credit.
> Any transactions that results in an expenditure of foreign exchange will be recorded as a debit.

具体地说,凡属于下列情况均应记入贷方:
1. 向外国提供商品或劳务(输出);
2. 外国人提供的捐赠与援助;
3. 国内官方放弃外国资产或国外负债的增加;
4. 国内私人放弃外国资产或国外负债的增加。

凡属下列情况均应记入借方:
1. 从外国获得的商品和劳务(进口);
2. 向外国政府或私人提供的援助、捐赠等;
3. 国内官方增加国外资产或国外负债的减少;
4. 国内私人增加国外资产或国外负债的减少。

### 8.2.3 Accounts of balance of payments presentation

国际收支平衡表所包含的内容十分繁杂,各国又大都根据各自不同需要和具体情况来编制,因此,各国国际收支平衡表的内容、详简也有很大差异,但其主要项目还是基本一致的。国际收支平衡表的项目大体上可分为四类,即经常项目、资本和金融项目、储备资产项目以及净误差与遗漏项目。

1. 经常项目(Current account)

> Current account consists of the goods account, services account, income account and current transfers account.

经常项目包括货物项目、服务项目、收益项目和经常转移项目四个子项目。经常项目是国际收支的重要组成部分。经常项目反映了一国与他国之间真实资源的转移状况,它是国际收支平衡表中最基本、最重要的项目,往往会影响和制约国际收支的其他项目。

(1)货物项目(Goods account)

货物项目包括一般商品、用于加工的货物、货物修理、非居民运用各种运输工具在港口购买的货物及非货币黄金。一般商品是指居民向非居民出口或从非居民那里进口的可移动货物;用于加工的货物包括跨越边境运到国外加工的货物的出口以及随之而来的再进口;货物修理包括向非居民提供的或从非居民那里得到的船舶和飞机等上面的修理活动;非居民运用各种运输工具在港口购买的货物包括非居民在岸上采购的所有货物,如燃料、给养、物资;非货币黄金包括不作为一国货币当局储备资产的所有黄金的进出口。

一般来讲,在进出口业务中,许多国家对出口商品按离岸价格(F.O.B or Free On Board)计算,而对进口商品则按到岸价格(C. I. F or Cost, Insurance And Freight)计算。为了统一估计进口与出口,各国基本采用国际货币基金组织规定的国际收支统计口径,即货物出口、进口产生的外汇收支一律按离岸价格计算,保险费和运费则另记录在国际收支平衡表服务项目下。

(2)服务项目(Service account)

服务项目是指一个国家对外提供服务或接受服务所发生的收支。由于服务不像货物那样能够看得见、摸得着,所以服务项目又称无形收支项目,它包括下列具体项目:

①运输通信收支

运输通信收支包括海陆空运商品和旅客运费的收支。有些国家将运输工具的修缮费、港湾费与码头的使用费、船舶注册费等都纳入运输收支的项目。通信方面,属于国际电报、电传、卫星通信等服务项目引起的外汇收支都记入劳务账户下。

②保险收支。凡本国人向外国保险公司投保,则称为保险费的支出,如外国人向本国保险公司投保,则称为保险费的收入。

③旅游收支。旅游收支指本国居民到国外旅游或外国居民到本国旅游而产生的膳费、交通等服务性费用的收支。

④其他服务收支。如办公费、专利权使用费、广告宣传费、手续费、使领费等项目的收支。

WTO对服务项目规定为12大类、156小类。12大类分别为:①商业服务;②通信服务;③建筑服务;④销售服务;⑤教育服务;⑥环境服务;⑦金融服务;⑧健康及社会服务;⑨旅游及相关服务;⑩文化、娱乐及体育服务;⑪交通运输服务;⑫其他服务。

(3)收益项目(Income account)

收益项目包括职工报酬和投资收益两项内容。职工报酬是指支付给非居民工人的工资、薪金和其他福利。投资收益是指由于借贷货币或直接投资、证券投资而产生的利息、利润、股利等。

(4)经常转移项目(Current transfer account)

经常转移是指一国居民无报酬收受或无偿赠与非居民商品、服务或金融资产等。由于此项收支是单方面的,因此又称单方面转移。它主要包括:

①政府间的经常转移,如政府间的经济援助、政府赠与、战争赔款、政府与国际组织间定期缴纳的费用等。

②私人间的经常转移,如侨民汇款、遗产继承、赡养费、退休金、捐赠、抚恤金和资助性汇款等。

2. 资本和金融项目(Capital and financial account)

Capital and financial account reflects the international transfers of a country's ownership of assets. It consists of capital account and financial account.

资本和金融项目反映一国资产所有权在国际转移的状况,它包括资本项目和金融项目两大部分。

(1)资本项目(Capital account)

资本项目包括资本转移和非生产、非金融资产的买卖。资本转移项目下记录因投资捐赠和债务注销而发生的外汇收支。投资捐赠是指居民与非居民之间固定资产所有权的转移、同固定资产收买或放弃相联系的或以其为条件的资金转移,如机场、码头、道路、桥梁、医院等的所有权转移;债务注销是指债权国放弃债权,不向债务国索取任何回报而取消债务,如发达国家对发展中国家的债务减免。

非生产、非金融资产的买卖项目下记录非生产就已经存在的资产(土地、地下矿藏等)和无形资产(专利权、商标权、版权、经销权等)买、卖而发生的外汇收支。这里需要注意的是,本项目记录的是无形资产所有权买卖发生的外汇收支,而经常项目下记录的是因无形资产使用权转移发生的外汇收支。

(2)金融项目(Financial account)

金融项目包括一国对外资产和负债所有权变更的所有交易。根据投资类型或功能分类,金融项目分为直接投资、证券投资和其他投资三类。

Direct investment is made by an investor to acquire a permanent interest in an enterprise of another economy.

①直接投资(Direct investment)的主要特征是投资者对另一经济体的企业拥有永久利益。这一永久利益意味着直接投资者和企业之间存在着长期的关系,并且投资者对企业经营管理施加着相当大的影响。直接投资在传统上主

要采用在国外建立分支企业的形式,目前越来越多地采用购买一定比例的股票的形式来达到,一般要求这一比例最低为10%。

②证券投资(Portfolio investment)是指为了取得一笔预期的固定货币收入而进行的投资。证券投资交易包括股票、中长期债券、货币市场工具和衍生金融工具(如期权)。投资的利息收支记录在经常项目中,本金还款记录在金融项目中。

③其他投资包括所有直接投资或证券投资未包括的金融交易,比如长短期的贸易信贷、贷款、货币和存款以及应收款项和应付款项等。

3. 储备资产项目(Reserve assets account)

储备资产是指一个国家的金融当局(如中央银行或其他官方机构)持有的储备资产及其对外债权,它包括用作货币的黄金、外汇、分配的特别提款权和在国际货币基金组织的储备头寸四个子项目。储备资产项目是一个记录储备存量变化,而不是流量状况的项目。出于平衡整个账户的需要,人为地把储备资产的增加用负号表示,把储备资产的减少用正号表示。

4. 净误差与遗漏项目(Net errors and omissions account)

净误差与遗漏项目是指国际贸易统计中收集数据时所产生的统计误差。由于统计资料不完全、统计数字重复计算或漏算、估算等各种原因,会造成国际收支平衡表不平衡。为此,人为设立了净误差与遗漏项目,以轧平国际收支平衡表的借方、贷方差额,使其保持平衡状态。

净误差与遗漏差额=-(经常账户差额+资本和金融账户差额+储备资产差额)

## 8.2.4 Analysis of balance of payments presentation

国际收支平衡表是根据会计学中的复式记账法编制的,因而借方与贷方总是可以达到平衡。但其中的某些项目或账户可能出现盈余或赤字,需由其他项目或账户的赤字或盈余来抵消,这就形成了不同的项目差额。按照国际货币基金组织的做法,项目差额主要有以下四种不同口径:

1. 贸易收支差额(Trade balance)

贸易收支差额是指一国进出口收支差额。尽管贸易项目仅仅是国际收支的一个组成部分,不能代表国际收支的整体,但是,对于某些国家来说,贸易收支在国际收支中所占的比重相当大,以至于经常性地把贸易收支作为国际收支的近似代表。此外,贸易收支在国际收支中还有它的特殊重要性。商品的进出口情况综合反映了一国的产业结构、产品质量和劳动生产率状况,反映了该国产业的国际竞争力。因此,即使对于发达国家这样资本项目比重相当大的国家,仍然非常重视贸易收支的差额。

2. 经常项目差额(Current account balance)

> Current account balance is defined as the sum of the balance of goods, services, net income from abroad and net current transfers.

经常项目差额是一定时期内一国贸易收支净值、服务收支净值、来自国外的收益净值和经常转移净值之和。当经常项目差额为正时,经常项目顺差;反之,则为经常项目逆差。虽然经常项目的收支差额不能代表全部国际收支差额,但它综合反映了一个国家的进出口状况(包括服务贸易),而被各国广为使用,并被当作是制定国际收支政策和产业政策的重要依据。同时,国际经济协调组织也经常采用这一指标对成员国经济进行衡量,例如国际货币基金组织就特别重视各国经常项目的收支状况。

3. 资本和金融项目差额(Capital and financial account balance)

> Capital and financial account balance reflects the difference between direct investment, portfolio investment and other investment transactions (including trade credits, loans and deposits).

资本和金融项目差额反映该项目下直接投资、证券投资和其他投资交易(包括贸易信贷、贷款和存款)的差额。资本和金融项目差额记录了世界其他国家对本国的投资净额或借、贷款净额。

资本和金融项目具有两个方面的分析作用:首先,通过资本和金融项目规模可以看出一个国家资本市场的开放程度和金融市场的发达程度。一般而言,资本市场越开放,金融市场越发达,资本与金融项目的流量总额就越大。其次,资本与金融项目和经常项目之间具有融资关系,所以,资本与金融项目的余额可以折射出一国经常项目的状况。

4. 综合项目差额或总差额(The overall balance)

> The overall balance measures the sum of the current account balance and the capital and financial account balance.

综合项目差额是指经常项目加上资本和金融项目余额。也就是说,综合账户差额是将官方储备账户剔除后的余额。由于综合项目差额必然导致官方储备的反方向变动,所以,可用它来衡量国际收支对一国储备带来的压力。当一国实行固定汇率制时,综合项目差额的分析意义更为重要。因为,国际收支的各种行为将导致外国货币与本国货币在外汇市场上的供求变动,影响到两个币种比价的稳定性。为了保持外汇市场汇率的稳定,政府必须利用官方储备介入市场以实现供求平衡。所以,综合项目差额在政府有义务维护固定汇率制时是极其重要的。

## 8.3 Analysis of balance of payments disequilibrium

### 8.3.1 Definition of balance of payments disequilibrium

由于国际收支平衡表是根据复式簿记原理编制的,因此它的借方与贷方总额总是相等的。为了判断国际收支是否真正平衡,我们将国际经济交易按其性质分为自主性交易和调节性交易两类。

自主性交易是指在国际经济交易中,经济实体或个人出于某种经济动机和目的,独立自主地进行的交易,或称事前交易。在国际收支平衡表中,经常项目、资本和金融项目属于自主性交易。调节性交易是指国际收支自主性交易各项目发生缺口时,为了弥补这些缺口而进行的交易,或称事后交易。在国际收支平衡表中,储备资产项目就属于调节性交易。

Theoretically, a balance of payments equilibrium is the equilibrium of autonomous transactions, or the difference in autonomous transactions is zero. A balance of payments disequilibrium is the situation that the debit of autonomous transaction is not equal to the credit of it.

理论上,国际收支平衡是指自主性交易的平衡,即自主性交易的差额为零。国际收支不平衡是指自主性交易借贷双方总值不等。当自主性交易贷方余额为正时,就是国际收支顺差;当这一余额为负时,就是国际收支逆差。一般来说,国际收支不平衡是经常性的、绝对的、持久的,国际收支平衡是偶发性的、相对的、暂时的。

### 8.3.2 Causes of balance of payments disequilibrium

1. 周期性失衡(Periodic disequilibrium)

Periodic disequilibrium is the imbalance of international payments caused by the fluctuation of a country's economic cycle.

周期性失衡是指一国经济周期波动引起的国际收支失衡。周期性不平衡是各国国际收支不平衡常见的原因。因为,在经济发展过程中,各国经济不同程度地处于周期性波动之中,周而复始出现繁荣、衰退、萧条、复苏的现象,而经济周期的不同阶段对国际收支会产生不同的影响。在经济衰退阶段,国民收入减少,总需求下降,物价下跌,会促使出口增长,进口减少,从而出现顺差;而在经济繁荣阶段,国民收入增加,总需求上升,物价上涨,则使进口增加,出口减少,从而出现逆差。

2. 收入性失衡(Income disequilibrium)

Income disequilibrium is the imbalance of international payments

收入性失衡是指由国民收入及其变动起的国际收支失衡。一定时期一国国民收入多,意味着一国商品、劳务的进

# 第八章 国际收支

口和捐赠、旅游等服务贸易支出可能随之增加,从而容易形成逆差。反之,一定时期一国国民收入减少,国内需求降低,物价下降,则有利于出口,不利于进口,国际收支逆差缩小。

3. 货币性失衡(Monetary disequilibrium)

货币性失衡是指由于一个国家的货币政策导致的相对价值变化而引起的国际收支失衡。在一定的汇率水平下,一国的物价高于其他国家,必然不利于出口而有利于进口,从而使经常项目逆差增加。反之,一国的物价低于其他国家,必然有利于出口而不利于进口,从而使经常项目逆差减少。货币性失衡主要是由通货膨胀或通货紧缩引起的。

4. 结构性失衡(Structural disequilibrium)

结构性失衡是指一国国内生产结构的变化不能适应国际市场变化而导致的国际收支失衡。当国际市场发生变化,如果该国的生产结构不能及时根据形势加以调整,那么原有的贸易平衡就会遭到破坏,贸易逆差就会出现,国际收支就出现结构性失衡。发展中国家极易发生这种国际收支失衡,这些国家经济结构相对脆弱,更容易受结构性失衡的影响。

5. 偶发性失衡(Stochastic disequilibrium)

偶发性失衡是指由于偶然的、突发的事件而造成国际收支失衡。这些偶发性因素一般周期较短且不确定地发生,包括自然灾害、政局动荡、战争、债务危机、金融危机等。这种性质的国际收支失衡,程度一般较轻,持续时间不长,带有可逆性,是一种正常的现象。此外,生产和消费的季节性变化也可能导致一个国家的国际收支出现短暂的失衡。

## 8.3.3 Influences of balance of payments disequilibrium

1. 国际收支逆差的影响

首先,国际收支逆差会导致外汇储备大量流失。储备的流失意味着该国金融实力甚至整体国力的下降,将会损害该国在国际上的声誉。

其次,国际收支逆差会导致一国外汇短缺,造成外汇汇率上升,本币汇率下跌,一旦本币汇率过度下跌,国际资本将大量外逃,引发货币危机。

最后,国际收支持续性逆差还可能使该国陷入债务危机。

2. 国际收支顺差的影响

首先,国际收支顺差会导致一国外汇盈余,造成外汇汇

---

caused by the fluctuations of a country's national income.

Monetary disequilibrium is the imbalance of international payments due to the change of relative value caused by a country's monetary policy.

Structural disequilibrium is the imbalance of international payments when the change of a country's production structure can not adapt to that of the international market.

Stochastic disequilibrium is the imbalance of international payments caused by occasional and unexpected events.

率下跌,本币汇率上升。出口商的出口成本上升,出口减少,国内商品和劳务市场将被占领。

其次,国际收支顺差影响了其他国家的经济发展,容易导致国际贸易摩擦。

最后,国际收支持续顺差会使该国丧失获取国际金融组织优惠贷款的权利。

## 8.4　Adjustments of balance of payments disequilibrium

一国国际收支持续出现不平衡,不管是顺差还是逆差,对其经济的协调、健康发展都非常不利,因此,各国政府都非常关心对国际收支失衡的调节。国际收支失衡的调节大体可分为两类,一类是自动调节,另一类是人为的政策调节。

### 8.4.1　Automatic adjustment mechanism of balance

1. 国民收入的自动调节机制（Automatic adjustment mechanism of national income）

When a balance of payments disequilibrium occurs, the national income and the total social demand of a country will change and these changes in turn will weaken the imbalance of international payments. That is called automatic adjustment mechanism of national income.

国民收入的自动调节机制是指在一国国际收支不平衡时,该国的国民收入、社会总需求会发生变动,而这些变动反过来又会减弱国际收支的不平衡。当一国国际收支出现逆差时,表明国民收入水平下降,国民收入的减少必然使进口需求下降,贸易逆差逐渐缩小,国际收支不平衡也会得到缓和,反之亦然。

2. 利率的自动调节机制（Automatic adjustment mechanism of interest rate）

Automatic adjustment mechanism of interest rate refers to the situation that a country's imbalance of international payments will affect the level of interest rate, and change in interest rate, in turn, will play a role in regulating the imbalance of payments.

利率的自动调节机制是指一国国际收支不平衡会影响利率水平,而利率水平的变动反过来又会对国际收支不平衡起到一定的调节作用。当一国国际收支出现逆差时,该国的货币存量相对减少,利率上升,利率上升必然导致本国资本不再外流,资产内流增加,资本与金融项目逆差得到改善。同时,利率上升会减少社会的总需求,进口减少,出口增加,贸易逆差也会得到改善,反之亦然。

3. 汇率的自动调节机制（Automatic adjustment mechanism of exchange rate）

Automatic adjustment mechanism of exchange rate refers to the situation when a balance of payments disequilibrium occurs, the imbalance of foreign exchange supply and demand will inevitably put pressure on the foreign exchange market and promote the change of

汇率的自动调节机制是指一国国际收支不平衡时,外汇供求不平衡必然会对外汇市场产生压力,促使外汇汇率的变动。当一国国际收支出现逆差时,外汇需求大于外汇供给,本币汇率下跌,出口商品的价格以外币计算下跌,而以本币计算的进口商品的价格上升,于是刺激了出口,抑制了进口,贸易收支逆差逐渐减少,国际收支不平衡得到缓

## 第八章 国际收支

和,反之亦然。

4. 货币—价格的自动调节机制(Automatic adjustment mechanism of money and price)

货币—价格的自动调节机制是指在一国国际收支不平衡时,该国的货币供应量和价格会发生变动,而这些变动反过来又会减弱国际收支的不平衡。当一国的国际收支出现逆差时,意味着该国对外支付大于收入,外国货币外流,使得本国外币存量减少,在其他条件不变的情况下,会使该国国内的一般价格水平下降,本国出口商品价格也下降,从而出口增加,贸易收支得到改善,国际收支失衡得到缓和;反之亦然。

exchange rate.

When a balance of payments disequilibrium occurs, a country's money supply and price will change, which in turn will weaken the imbalance of international payments. That is called automatic adjustment mechanism of money and price.

### 8.4.2 Adjustment policies of balance of payments

国际收支的政策调节是指国际收支不平衡的国家通过改变其宏观经济政策和加强国际经济合作,主动地对本国的国际收支进行调节,以使其恢复平衡。一般来讲,可供一国政府选择的国际收支调节政策有以下几种:

1. 外汇缓冲政策(Foreign exchange buffer policy)

外汇缓冲政策是指一国运用所持有的一定数量的国际储备,主要是黄金和外汇,作为外汇稳定或平准基金,来抵消市场超额外汇供给或需求,从而改善其国际收支状况。它是解决一次性或季节性、临时性国际收支不平衡简便而有力的政策措施。当一国国际收支发生逆差或顺差时,中央银行可利用外汇平准基金,在外汇市场上买卖外汇,调节外汇供求,使国际收支不平衡产生的消极影响止于国际储备,避免汇率上下剧烈动荡,而保持国内经济和金融的稳定。

Foreign exchange buffer policy is that a country use a certain amount of international reserves, mainly the gold and foreign currencies, as a foreign exchange stabilization fund, to offset the excess supply or demand of foreign exchange in the market, so as to improve their balance of payments situation.

2. 汇率政策(Exchange rate policy)

汇率政策是指一国通过调整本币汇率来调节国际收支,消除国际收支不平衡的政策。这里所谓的"调整本币汇率"是指一国货币金融当局公开宣布的货币法定升值与法定贬值,而不包括金融市场上一般性的汇率变动。当一国国际收支出现逆差时,该国可使本国货币贬值,以增强本国商品在国外的竞争力,扩大出口,减少进口,使国际收支逐步恢复平衡。

Exchange rate policy is that a country adjusts its currency exchange rate to improve the balance of payment and eliminate the imbalance of international payments.

3. 财政政策(Fiscal policy)

财政政策是指通过调整财政收入和财政支出影响国民经济总需求,从而对国际收支不平衡进行调节的政策手段。财政政策主要是采取缩减或扩大财政开支和调整税率的方

Fiscal policy is that a country adjusts its fiscal revenue and expenditure to affect the national economic aggregate demand, so as to adjust the imbalance of international payments.

式，以调节国际收支的顺差或逆差。如果国际收支发生逆差，政府可以削减政府财政预算、压缩财政支出或提高税率，使得国民收入减少，国内社会总需求下降，物价下跌，增强出口商品的国际竞争力，进口需求减少，从而改善国际收支逆差。

4. 货币政策（Monetary policy）

货币政策也称金融政策，是指一国金融当局通过调整货币供应数量和价格来调节国际收支不平衡的政策手段。货币政策主要是通过调整利率来达到政策实施目标的。调整利率是指通过调整中央银行贴现率，调整存款准备金率，进行公开市场业务来影响市场利率，以抑制或刺激需求，影响本国的商品进出口，达到国际收支平衡的目的。当国际收支产生逆差时，政府可实行紧缩的货币政策，即提高中央银行贴现率、提高存款准备金率，或在市场上卖出国债，使市场利率上升，以抑制社会总需求，迫使物价下跌，出口增加，进口减少，从而逆差逐渐消除，国际收支恢复平衡。

Monetary policy, also known as financial policy, refers to a country's financial authorities adjust the quantity of money supply and the price to improve the imbalance of international payments.

5. 直接管制政策（Direct control policy）

直接管制政策是指一国政府通过发布行政命令，对国际经济交易予以直接干涉，以改善国际收支不平衡的措施。直接管制政策包括外汇管制和贸易管制两种具体措施。

外汇管制方面主要是通过对外汇的买卖直接加以管制以控制外汇市场的供求，维持本国货币对外汇率的稳定。如对外汇实行统购统销，保证外汇统一使用和管理，从而影响本国商品及劳务的进出口和资本流动，调节国际收支不平衡。

Direct control policy is that a country's government directly interferes the international economic transactions through issuing executive orders, so as to improve the imbalance of international payments.

贸易管制方面的主要内容是奖出限入。在奖出方面常见的措施有出口信贷、出口信贷国家担保制和出口补贴。而在限入方面，主要是实行提高关税、进口配额制和进口许可证制，此外，还有许多非关税壁垒的限制措施。

6. 国际经济合作与协调（International economic cooperation and coordination）

International economic cooperation and coordination is the international coordination for the balance of payments among governments so as to maintain the normal operation of the world economy.

国际经济合作与协调是指各国政府为了维护世界经济的正常运转而对国际收支进行的国际协调。当今世界经济全球化的发展趋势已经形成，因此开展国际经济合作与协调，是调节国际收支不平衡的根本手段。例如，一国可以利用国际信贷，从国际金融市场中融通资金弥补本国逆差，这实际上也是西方国家最常采用的调节国际收支的办法。再如，各国在生产力和生产资料的占有和分配上往往各有优势，可以通过建立自由贸易区、共同市场等来实现生产力、生产资料的重新优化组合和资源的最佳配置，使国际经济交易顺畅地进行,从而起到改善和调节国际收支的目的。

## 8.4.3 Principles of adjustment of balance of payments

从前面我们可知,国际收支不平衡的调节方式很多,但是每一种调节方式都有自己的特点,对国际收支不平衡调节的侧重点也不同,因此在具体调节一国国际收支不平衡时选择适当调节措施是非常重要的,一般来说应遵循三个原则:

1. 根据国际收支不平衡产生的原因来选择调节方式

国际收支不平衡产生的原因是多方面的,根据其产生原因的不同选择适当的调节方式可以有的放矢、事半功倍。例如,一国国际收支不平衡是经济周期波动所致,说明这种不平衡是短期的,因而可以用本国的国际储备或通过从国外获得短期贷款来弥补,达到国际收支平衡的目的,但这种方式用于持续性巨额国际收支逆差的调整不能收到预期效果。如果国际收支不平衡是因为总需求大于总供给而出现的收入性不平衡时,则可实行调节国内支出的措施,如实行紧缩性财政政策和货币政策。如果发生结构性的不平衡,则可采取直接管制和经济结构调整方式来调节。

2. 选择国际收支调节方式应尽量不与国内经济发生冲突

国际收支是一国宏观经济的有机组成部分,调整国际收支势必会对国内经济产生直接影响。一般来说,要达到内外均衡是很困难的,往往调节国际收支的措施对国内经济会产生不利影响,而谋求国内均衡的政策又会导致国际收支不平衡。因此,必须按其轻重缓急,在不同的时期和经济发展的不同阶段分别做出抉择。当然最一般的原则是尽量采用国内平衡与国际收支平衡相配合的政策。

3. 选择调节国际收支的方式应尽可能减少来自他国的阻力

在选择调节国际收支的方式时,各国都以自身的利益为出发点,各国利益的不同必然使调节国际收支的对策对不同国家产生不同的影响,有利于一国的调节国际收支的措施往往有害于其他国家,从而导致这些国家采取一些报复性措施,其后果不仅影响了国际收支调节的效果,而且还不利于国际经济关系的发展,因此,在选择调节国际收支的方式时,应尽量避免采用损人过甚的措施,最大限度地降低来自他国的阻力。

## Reading

### 2014年我国国际收支平衡表分析

一、国际收支主要状况

2014年,我国经济运行处于合理区间,国际收支继续保持"双顺差"格局。2014年,我国国际收支总顺差2 579亿美元,较2013年下降48%。其中,经常项目顺差2 197亿美元,增长48%;资本和金融项目顺差382亿美元,下降89%;我国新增储备资产1 178亿美元,较上年回落3.4%。

二、国际收支平衡表主要项目分析

1. 货物贸易

据海关统计,2014年我国货物贸易呈现以下特点:

(1)进出口增速明显下滑

2014年,我国进出口总额同比增长3.4%,其中,出口和进口分别增长6.1%和0.4%。据商务部测算,剔除2013年套利贸易垫高基数因素后,2014年全国进出口同比实际增长6.1%,其中出口和进口实际增长8.7%和3.3%。

(2)进出口顺差继续扩大

2014年,我国进出口顺差3 825亿美元,同比扩大47.3%。进口价格回落是造成进出口顺差扩大的重要因素。在国内工业品和国际大宗商品价格普遍下跌的情况下,全年进口商品价格指数下降3.3%。

1. 服务贸易

据海关统计,2014年我国服务贸易呈现以下特点:

(1)高附加值服务贸易项目规模增速

2014年我国服务贸易收支总额达到5 738亿美元,增长7%。2014年贸易附加值较高的服务项目得到较快发展,金融服务、通信服务、建筑服务、计算机和信息服务贸易分别增长38%、24%、38%和25%,传统服务贸易项目运输服务贸易额仅增长2%。

(2)服务贸易收入近5年来首次出现下降

2014年服务贸易收入为1 909亿美元,减少7%。其中,离岸转手买卖以跨境收付净额方式计入其他商业服务的贷方,由上年的净流入223亿美元转为2014年净流出95亿美元。

(3)旅游支出占服务贸易支出的比重持续上升

2014年服务贸易支出3 829亿美元,增长16%。其中,旅游支出占服务贸易支出的43%,是服务贸易支出占比最大项目;运输支出为第二大项目,但近5年占比不断减少,2014年占比25%,减少4%;其他项目支出占比变动较平稳。

2. 直接投资

2014年,我国直接投资呈现以下特点:

(1)直接投资净流入略有下降

2014年,我国国际收支口径的直接投资流入4 352亿美元,流出2 266亿美元,同比分别增长14%和39%。净流入2 087亿美元,下降4%。

(2)外国来华直接投资(FDI)净流入总体平稳

2014年,FDI净流入2 891亿美元,同比下降1%。FDI流入3 797亿美元,增长10%。

(3)我国对外直接投资(ODI)继续快速增长

2014年,我国ODI流出1 359亿美元,回流555亿美元,净流出804亿美元,同比分别增长24%、53%和10%。

3. 证券投资

2014年,我国证券投资呈现以下特点:

(1)证券投资延续顺差格局

2014年,我国证券投资项下净流入824亿美元,较上年增长56%。自2011年美欧主权债务危机之后,连续三年出现由于境外对我国证券投资增长而形成的证券投资净流入。

(2)我国对外证券投资规模小但增长较快

2014年,我国对外证券投资净流出108亿美元,较上年增长1倍。

(3)境外对我国证券投资增长较快

2014年,境外对我国证券投资净流入932亿美元,较上年增长60%。其中,股本证券投资净流入519亿美元,债务证券投资净流入413亿美元,较上年分别增长59%和61%。

资料来源:编者根据国家外汇管理局《2014年中国国际收支报告》整理而来。

**2014年中国国际收支平衡表** 单位:亿美元

| 项 目 | 差 额 | 贷 方 | 借 方 |
| --- | --- | --- | --- |
| 一、经常项目 | 2 197 | 27 992 | 25 795 |
| A. 货物和服务 | 2 840 | 25 451 | 22 611 |
| a. 货物 | 4 759 | 23 541 | 18 782 |
| b. 服务 | −1 920 | 1 909 | 3 829 |
| 1. 运输 | −580 | 382 | 962 |
| 2. 旅游 | −1 080 | 569 | 1 649 |
| 3. 通信服务 | −5 | 18 | 23 |
| 4. 建筑服务 | 105 | 154 | 49 |
| 5. 保险服务 | −179 | 46 | 225 |
| 6. 金融服务 | −4 | 45 | 49 |
| 7. 计算机和信息服务 | 99 | 184 | 85 |
| 8. 专有权利使用费和特许费 | −219 | 7 | 226 |
| 9. 咨询 | 164 | 429 | 265 |
| 10. 广告、宣传 | 12 | 50 | 38 |
| 11. 电影、音像 | −7 | 2 | 9 |
| 12. 其他商业服务 | −217 | 14 | 231 |
| 13. 别处未提及的政府服务 | −9 | 11 | 20 |
| B. 收益 | −341 | 2 130 | 2 471 |
| 1. 职工报酬 | 257 | 299 | 42 |
| 2. 投资收益 | −598 | 1 831 | 2 429 |
| C. 经常转移 | −303 | 411 | 714 |
| 1. 各级政府 | −30 | 16 | 46 |
| 2. 其他部门 | −273 | 395 | 668 |
| 二、资本和金融项目 | 383 | 25 730 | 25 347 |
| A. 资本项目 | −1 | 19 | 20 |
| B. 金融项目 | 382 | 25 710 | 25 328 |

续表

| 项　目 | 差　额 | 贷　方 | 借　方 |
|---|---|---|---|
| 1. 直接投资 | 2 086 | 4 352 | 2 266 |
| 1.1 我国在外直接投资 | −804 | 555 | 1 359 |
| 1.2 外国在华直接投资 | 2 891 | 3 797 | 906 |
| 2. 证券投资 | 824 | 1 664 | 840 |
| 3. 其他投资 | −2 528 | 19 694 | 22 222 |
| 三、储备资产 | −1 178 | 312 | 1 490 |
| A. 货币黄金 | 0 | 0 | 0 |
| B. 特别提款权 | 0 | 1 | 1 |
| C. 在基金组织的储备头寸 | 9 | 13 | 4 |
| D. 外汇 | −1 188 | 298 | 1 486 |
| E. 其他债权 | 0 | 0 | 0 |
| 四、净误差与遗漏 | −1 401 | 0 | 1 401 |

资料来源：国家外汇管理局。

## Summary

1. Balance of payments is the record of all economic transactions that take place over a specified time period between residents and non-residents of a given country.

2. Balance of payments presentation is a statistical statement of all revenue and expenditure in international economic activities of a given country over a specified time period.

3. Accounts of balance of payments presentation include current account, capital and financial account, reserve assets account and net errors and omissions account.

4. Current account consists of the goods account, services account, income account and current transfers account.

5. Capital and financial account reflects the international transfers of a country's ownership of assets. It consists of capital account and financial account.

6. Reserve assets account refers to the reserve assets and external claims held by a country's financial authorities (such as the central bank or other official institutions).

7. Net errors and omissions account records the statistical discrepancies that arise in gathering balance of payments data.

8. The account balances include trade balance, current account balance, capital and financial account balance and the overall balance.

9. A balance of payments equilibrium is the equilibrium of autonomous transactions, or the difference in autonomous transactions is zero.

10. Balance of payments disequilibrium are divided into periodic disequilibrium, income disequilibrium, monetary disequilibrium, structural disequilibrium and stochastic disequilibrium.

11. Adjustments of balance of payment disequilibrium are divided into automatic adjustment mechanisms

and adjustment policies of balance of payments.

12. Automatic adjustment mechanisms of balance of payments include automatic adjustment mechanism of national income, interest rate, exchange rate, money and price. Adjustment policies of balance of payments include foreign exchange buffer policy, exchange rate policy, fiscal policy, monetary policy, direct control policy and international economic cooperation and coordination.

## Exercises

### 一、名词解释

国际收支　　国际收支平衡表　　经常项目　　资本和金融项目　　储备资产项目
净误差与遗漏项目　　贸易收支差额　　经常项目差额　　资本和融项目差额
综合项目差额　　国际收支平衡　　国际收支不平衡

### 二、填空题

1. 国际收支是指在一定时期内(　　　　)之间(　　　　)的系统记录。一国的国际收支不但反映它的(　　　　)，而且反映它的(　　　　)和(　　　　)。
2. 国际收支平衡表编制采用的是(　　　　)的原理，对每一笔交易同时进行(　　　　)与(　　　　)记录。
3. 国际收支平衡表中的所有账户可分为四大类：(　　　)、(　　　)、(　　　)和(　　　)。
4. 经常项目包括(　　　)、(　　　)、(　　　)和(　　　)四项。
5. 资本与金融账户项目包含(　　　)和(　　　)两部分，其中根据投资类型或功能，金融账户可分为(　　　)、(　　　)和(　　　)三类。
6. 储备资产项目包括(　　　)、(　　　)、(　　　)和(　　　)四个子项目。
7. 按照国际货币基金组织的做法，项目差额包括(　　　)、经常项目差额、(　　　)与(　　　)差额。
8. 国际经济交易按其性质分为(　　　)交易与(　　　)交易。所谓国际收支平衡，是指(　　　)交易的平衡。
9. 国际收支失衡的原因有(　　　)、(　　　)、货币性失衡、结构性失衡及(　　　)。
10. 国际收支的自动调节机制包括(　　　)的自动调节机制、(　　　)的自动调节机制、(　　　)的自动调节机制和(　　　)的自动调节机制。国际收支的政策调节有(　　　)、汇率政策、(　　　)、(　　　)、(　　　)和(　　　)。

### 三、判断题

1. 国际收支是一个流量的、事后的概念。　　　　　　　　　　　　　　　　　　(　　)
2. 本国对外资产的减少或负债的增加，记录在借方。　　　　　　　　　　　　　(　　)
3. 本国对外资产的增加或负债的减少，记录在贷方。　　　　　　　　　　　　　(　　)
4. 综合账户差额是将官方储备账户剔除后的余额。　　　　　　　　　　　　　　(　　)
5. 商品、劳务的进出口、单方面转移、资本项目都是自主性交易项目。　　　　　(　　)
6. 官方储备项目是典型的自主性交易。　　　　　　　　　　　　　　　　　　　(　　)
7. 理论上，国际收支的不平衡是指自主性交易的不平衡。　　　　　　　　　　　(　　)
8. 国际收支不平衡是绝对的，平衡是相对的。　　　　　　　　　　　　　　　　(　　)
9. 由于一国的国际收支不可能正好收支相抵，因而国际收支平衡表的最终差额绝不恒为零。(　　)

10. 国际收支逆差会造成本币贬值,外汇储备增加。（    ）

### 四、单项选择题

1. 国际收支反映的是（    ）的系统记录。
   A. 国外的现金交易          B. 与国外的金融资产交换
   C. 全部对外经济交易        D. 一个国家的外汇收支
2. 国际收支平衡表采用（    ）方式编制。
   A. 增减记账法      B. 复式簿记法      C. 平衡法    D. 以上都不对
3. 国际收支平衡表中最基本、最重要的项目是（    ）。
   A. 资本与金融项目          B. 经常项目
   C. 错误与遗漏              D. 储备项目
4. 发生债务注销应该记录在国际收支平衡表中的（    ）。
   A. 资本项目      B. 金融项目      C. 储备资产项目    D. 净误差与遗漏
5. 金融项目应该包括（    ）项下形成的收支。
   A. 投资捐赠                B. 专利购买与出卖
   C. 直接投资                D. 专利使用权转移
6. 在国际收支平衡表中人为设立的项目是（    ）。
   A. 资本项目                B. 金融项目
   C. 净误差与遗漏            D. 储备资产项目
7. （    ）账户能较好地衡量国际收支对国际储备造成的压力。
   A. 贸易收支差额            B. 经常项目收支差额
   C. 资本与金融账户差额      D. 综合账户差额
8. 若在国际收支平衡表中,储备资产项目为－100亿美元,则表示该国（    ）。
   A. 增加了100亿美元的储备  B. 减少了100亿美元的储备
   C. 人为的账面平衡,不说明问题  D. 无法判断
9. 在编制国际收支平衡表,进行进出口商品统计时,均按（    ）价计算。
   A. CIF          B. CFR          C. FOB    D. CIP
10. 通过变动官方储备来消除超额的外汇供给或需求,这种政策叫（    ）。
    A. 外汇缓冲政策            B. 财政与货币政策
    C. 直接管制                D. 汇率政策

### 五、多项选择题

1. 以下属于一国居民的是（    ）。
   A. 在该国居住超过一年的外商独资企业    B. 该国的私人企业
   C. 该国驻外使馆工作的外交人员          D. 驻该国外交使馆中工作的外交人员
2. 国际收支平衡表中借方记录的内容有（    ）。
   A. 对外资产减少,对外负债增加          B. 对外资产增加,对外负债减少
   C. 本国的商品、服务进口支出            D. 本国的商品、服务出口收入
3. 国际收支平衡表中贷方记录的内容有（    ）。
   A. 对外资产减少,对外负债增加          B. 对外资产增加,对外负债减少
   C. 本国的商品、服务进口支出            D. 本国的商品、服务出口收入
4. 国际收支项目分为（    ）。
   A. 经常项目                B. 资本与金融项目
   C. 储备资产项目            D. 净误差与遗漏项目

5. 国际收支顺差的影响有( )。
A. 本币贬值
B. 外汇盈余
C. 国内市场将被占领
D. 容易导致国际摩擦

## 六、简答题

1. 什么是国际收支？理解国际收支概念应注意哪些要点？
2. 国际收支中记入贷方和借方的项目分别有哪些？
3. 简述国际收支平衡表的主要内容。
4. 简述国际收支的差额分析。
5. 简述国际收支失衡的原因。
6. 简述国际收支失衡对一国经济的影响。
7. 简述国际收支的自动调节机制和政策调节。
8. 简述选择国际收支调节的一般原则。

## 七、计算题

根据下表中所列数据(单位:亿美元),结合所学相关内容,分析回答下列问题:

| 商品:出口 | 194 716 |
| --- | --- |
| 商品:进口 | −158 509 |
| 服务:债权 | 23 778 |
| 服务:债务 | −31 288 |
| 收入:债权 | 10 571 |
| 收入:债务 | −28 545 |
| 经常转移:债权 | 5 368 |
| 经常转移:债务 | −424 |
| 资本账户 | −26 |
| 金融项目 | 1661 |
| 直接投资 | 36 978 |
| 证券投资 | −11 234 |
| 其他投资 | −18 077 |
| 储备和相关项目 | −8 652 |
| 错误与遗漏 | −14 656 |

1. 该国该年国际收支综合差额是多少？
2. 请分析一下该国的国际收支差额。
3. 该国的外汇储备是增加了还是减少了？
4. 该国的国际收支综合差额是顺差还是逆差？它对该国经济有什么影响？
5. 该国可以采取什么措施调节国际收支状况？

# Chapter Nine
# International Financial Market
# 第九章
# 国际金融市场

2007年,主要发达国家继续主导国际金融市场格局,新兴市场经济体在国际金融市场的份额有所上升,主要国际金融市场成交量继续增长。全球主要金融市场后台支持系统出现明显整合趋势;对冲基金快速发展;主权财富基金正成为国际金融市场一支稳定力量。美国次贷危机、日元利差交易等加剧了国际金融市场波动。美元继续走弱;美元短期利率波动下降,其他主要货币短期利率继续上升;主要国家中长期国债收益率先升后降;主要股指在宽幅振荡中上涨,盘中创历史或阶段新高;国际黄金、原油、农产品(15.31,0.27,1.80%)价格大幅上涨,屡创历史新高。

学完本章后,你就会有一个关于国际金融市场清晰的脉络。

## Learning target:

1. What is international financial market?
2. What are the functions of international financial market?
3. What is the international money market?
4. What are the characteristics of international financial market?
5. What is the Eurocurrency market the features of the market?

## Key words:

| | |
|---|---|
| capital market | 资本市场 |
| commercial paper | 商业票据 |
| discount market | 贴现市场 |
| emerging equity market | 新兴资产市场 |
| LIBOR | 伦敦同业银行拆借利率 |
| liquidity | 流动性 |
| repurchase agreement | 回购协议 |
| treasury bond | 政府债券 |

| | |
|---|---|
| domestic bond | 国内债券 |
| equity-linked-bond | 可转换股份债券 |
| Eurobond | 欧洲债券 |
| Eurocurrency | 离岸货币 |
| Eurodollar | 欧洲美元 |
| foreign bond | 外国债券 |
| international money market | 国际货币市场 |
| negotiable certificate of deposit | 可转让存单 |
| registered bond | 记名债券 |
| repurchase agreement | 回购协议 |
| short-term credit market | 短期信贷市场 |
| short-term securities market | 短期证券市场 |
| treasury bill | 国库券 |
| treasury bond | 政府债券 |
| underwriter | 证券承销商 |

## 9.1 Introduction of international financial market

### 9.1.1 What is international financial market?

International financial markets are places or networks for transactions of international financial assets or liabilities. They provide financing and investing for individuals, firms and governments.

国际金融市场是指由于经常发生多边资金借贷关系形成的资金交易场所或网络。在 21 世纪的今天，国际金融市场可以理解为具有现代化通信设备、具有全球性广泛联系的进行国际交易的场所。

国际金融市场有三个基本要素：一是市场主体，即市场参与者，国际金融市场的主要参与者是金融企业、各国政府、工商企业及个人；二是市场客体，即金融工具；三是市场载体，即金融市场的组织方式，目前市场的组织方式有场内交易和场外交易两种。

### 9.1.2 The classification of international financial market

International monetary market is the market for financial assets and liabilities of short maturity (less than one year).

International capital market is the market for financial assets and liabilities of long maturity (more

1. 按资金融通期限的长短可分为国际货币市场和国际资本市场

国际货币市场：指资金借贷期在 1 年以内（含 1 年）的交易市场，或称短期资金市场。

国际资本市场：指资金借贷期在 1 年以上的中长期信贷或证券发行，或称长期资金市场。

than one year).

Onshore financial market is an international financial market that provide residents and non-resident to lending and borrowing, trade settlement and so on.

Offshore financial market is an international financial market that provide non-resident to lending and borrowing, trade settlement and so on.

2. 按经营业务的种类可分为外汇市场、证券市场、黄金市场、金融衍生品市场等

国际外汇市场(foreign exchange market)是指由各类外汇提供者和需求者组成的,进行外汇买卖、外汇资金调拨、外汇资金清算等活动的场所。主要业务包括外汇的即期交易、远期交易、期货交易和期权交易。伦敦是世界最大的外汇交易中心,世界上比较重要的外汇交易市场还包括纽约、苏黎世、法兰克福、东京和新加坡。

国际证券市场(Security market)是股票、公司债券和政府债券等有价证券发行和交易的市场,是长期资本投资人和需求者之间的有效中介,是金融市场的重要组成部分。

国际黄金市场(Gold market)是指专门从事黄金交易买卖的市场。

3. 按市场主体的国别关系,可分为在岸金融市场和离岸金融市场

在岸金融市场是指居民和非居民之间的业务。离岸金融市场是指非居民之间的业务。

4. 按交易场所是否固定,可分为有形市场和无形市场

有形市场指交易在一个特定的场内进行,又称交易所市场。无形市场指金融交易不在一个特定的场所进行,又称场外交易市场。

### 9.1.3 The function of international financial market

国际金融市场的作用主要体现在:

第一,国际金融市场为各国经济发展提供资金。国际金融市场能在国际范围内把大量闲散资金聚集起来,满足国际经济贸易发展的需要,同时通过金融市场的职能作用,把"死钱"变为"活钱",由此推动生产与资本的国际化。正如欧洲货币市场促进了当时的联邦德国和日本经济的复兴,亚洲美元市场对亚太地区的经济建设也起到了积极的作用。发展中国家的大部分资金也都是在国际金融市场上筹集的。各国可以充分利用这一国际性的蓄水池,获取发展经济所需的资金。

第二,国际金融市场为跨国公司迅速发展创造了条件。金融市场的形成与发展,为跨国公司在国际上进行资金储存与借贷、资本的频繁调动创造了条件,促进了跨国公司经营资本的循环与周转,由此推动世界经济全球化的巨大发展。

第三,国际金融市场可以帮助调节各国的国际收支。国际金融市场的产生与发展,为国际收支逆差国提供了一条调节国际收支的渠道,即逆差国可到国际金融市场上举债或筹资,从而更能灵活地规划经济发展,也能在更大程度上缓和国际收支失衡的压力。

第四,促进金融业的国际化及国际金融市场的发展。国际金融市场的发展吸引着跨国金融组织,尤其是银行业的聚集,形成了国际银行的集散地。金融市场通过各种活动把这些银行有机地结合在一起,使世界各国的银行信用突破空间制约而成为国际的银行信用,在更大程度上推动了诸多金融业务国际化。

## 9.2 International monetary market

### 9.2.1 What is international monetary market?

International monetary market is the short-term exchange market for financial assets and liabilities (less than one year).

国际货币市场是指借贷期限在一年以内的国际短期资金交易场所。国际货币市场的主要功能有:(1)为暂时闲置的国际短期借贷资金提供出路,使其增值;(2)便利短期资金在国家间调拨,使国际结算顺利进行;(3)提供短期资金融通,便利国际经济交易。

一个理想的国际货币市场应具备以下三个基本条件:(1)必须有一个完善的中央银行体系作为最终贷款人;(2)在该市场上应该拥有种类较多的短期金融工具;(3)有关货币市场交易的法律制度应该健全。

### 9.2.2 The composition of international monetary market

国际货币市场主体主要包括各国商业银行、投资银行、证券公司、票据承兑和贴现公司、中央银行等。国际货币市场呈现出借款期短、金额大、成本低、风险小、资金周转量大、纯信用拆放等特点。根据不同的借贷方式,国际货币市场分为银行短期信贷市场、短期证券市场和贴现市场。

1. 银行短期信贷市场

Short-term credit market is an interbank market. It provides short-term loans with maturities of less than 1 year.

银行短期信贷市场是指银行对客户提供一年或一年以内的短期贷款市场,主要解决临时性的资金需求和头寸调剂。贷款利率以伦敦银行同业拆放利率(LIBOR:London inter-bank offered rates)为基准;贷款期限最短为1天,最长是1年,也提供3天、1周、1个月、3个月、半年期限的资金;交易通常少则几十万英镑,多则几百万、几千万英镑;交

易完全凭信用,不要抵押和担保,通过电报电话进行。银行短期信贷市场又可分为以下两种市场:

(1)银行短期借贷市场(Short-term bank loan market)

银行短期借贷市场是指商业银行与各国政府、跨国公司、工商企业等客户之间资金存放的场所。商业银行一方面吸收客户的闲置资金,另一方面向他们提供一年期以下的贷款,以满足客户临时性、流动性的需求。比如:各国央行向商业银行筹措短期资金用于弥补国际收支赤字;跨国公司向国际商业银行借入短期流动资金维持企业正常运营等。

(2)银行同业拆放市场(Inter-bank market)

银行同业拆放,是指银行为弥补交易头寸的不足或准备金的不足而进行的相互借贷活动。银行短期信贷业务中,银行同业拆放业务相当重要,是货币市场最重要的业务。伦敦银行同业拆放市场是世界上规模最大的同业拆放市场,它的参与者为英国的商业银行、票据交换银行和外国银行等。伦敦同业银行拆放利率是国际金融市场贷款利率的基础,即在这个利率的基础上再加上一定的附加利率。

同业拆放业务是银行一项经常业务,以隔夜拆放为多,今天借明天还,绝大部分是1天期到3个月期,3个月以上到1年的较少。同业拆放,彼此之间靠信用办事,一般打个电话就解决了,也不用什么契约、票据之类的工具。在英国,同业拆放的最低额度为25万英镑,高的可达数百万英镑。同业拆放可以由资金短缺方找资金有余方,资金有余方也可主动找资金短缺方。双方也可通过经纪人去寻找借贷对象。由于现代通信设备发达,借贷双方已经不限于同一城市了,而成为全国性的交易,成交后立即通过中央银行的通信网络拨账,次日仍通过电讯拨还。

2. 短期证券市场

短期证券市场是国际上进行短期证券交易的场所,交易对象是一年期内可流通转让的有价证券工具。各国证券市场短期有价证券种类繁多,一般包括以下几类:

(1)国库券(Treasury bills)

国库券是一国政府为满足季节性财政需要或进行短期经济和金融调控而发行的短期政府债券。各国政府债券通常在金融市场上享有最高的信誉,而短期的政府债券又因其期限短、流动性高成为短期资金市场的重要组成部分,是国际货币市场上的一种重要工具,也是国际货币市场上美国投资者、外国政府、跨国银行和公司以及个人投资者的重要投资对象。

---

Short-term security market is a place for security exchange for less than one year.

Treasury bills is short term government bills published in the international financial market to satisfy temporary fiscal deficit.

（2）商业票据（Commercial papers）

商业票据是非银行金融机构或工商企业为筹措短期资金而发行的一种金融工具。它是以出票人本身为付款人的本票，由出票人许诺在一定时间、地点付给收款人一定金额的票据。

商业票据多数没有票面利率，采用贴现方式发行，其期限一般为30～270天不等，以30～60天居多。除少数信誉较好的大公司可以直接向公众发售外，大多数商业票据的发行要经过证券商或商业银行等中介机构分销。商业票据由发行人担保，可以转让。其利率水平一般低于银行优惠利率，稍高于国库券利率。

Commercial paper is an unsecured, short-term debt issued by a firm. The minimum denomination is usually $100 000 or $1 million. Maturities are between 20 to 45 days. Most investors hold the commercial paper until maturity.

（3）大额可转让定期存单（Certificates of deposit, CD）

大额可转让定期存单，是商业银行和金融公司为吸收大额定期存款而发行的标明金额、期限、浮动或固定利息率的接受存款凭证。其投资者主要是大企业、地方政府、外国中央银行、货币市场互助基金以及一些个人投资者。

Certificate of deposit (CD) is issued by commercial banks with a minimum face value of $100 000. It can be sold in the secondary market.

大额可转让定期存单是银行定期存款的一种，但和普通的定期存款又不尽相同。普通定期存款是记名的，所以不能流通转让，但可以提前支取；金额是不固定的，而利率是固定的。而大额可转让定期存单是不记名的，不能提前支取，但可以在二级市场上转让；金额固定、面额大且利率不受管制；期限较短，一般在一年以内，最常见的是3～6个月。

（4）银行承兑汇票（Banker's acceptance）

银行承兑票据是一种已被某银行承诺负责支付并在票据上盖上"承兑"字样的定期商业票据。它的信用高于一般商业票据。一般企业在货币市场发行短期票据筹集资金通常需要较高的信誉，而中小企业想要进入货币市场筹资，则需要借助银行的信誉，发行银行承兑票据。在发达国家货币市场上，银行承兑票据的面额一般没有限制，期限一般在30～180天。其持有人可以在到期之前到承兑银行贴现，或在二级市场转售，转售时的价格按面值打一定折扣，买价与面值之差为持票人的收益。

Banker's acceptance is a short-term credit investment which is created by a non-financial firm and whose payment is guaranteed by a bank. It's often used in importing and exporting.

3. 贴现市场

贴现是指持票人以未到期票据按照一定的贴现率向银行兑换现金，银行将扣除自贴现日到票据到期日的利息后的余额付给持票人。贴现市场就是把未到期的票据按贴现方式进行融资的场所，它由贴现行、商业票据行、商业银行和作为"最后贷款人"的中央银行组成。贴现市场上交易的短期金融工具主要有商业票据、银行承兑票据、国库券和其

A discount market is a trading market in which notes, bills, and other negotiable instruments are discounted.

他短期政府债券等。

从票据签发到持票人获得资金,须经过一定时间。在此期间,如果持票人需要资金,可将未到期的票据向银行融通资金,待票据到期时,银行凭票向最初发票的债务人或背书人兑取面值现金。如果该票据还没有到期而银行或金融机构又急需现金,可将此凭证向中央银行再贴现。英国伦敦的贴现市场较发达,是目前世界上最大的贴现市场。

## 9.3 International capital market

### 9.3.1 What is international capital market?

International capital market refers to the medium and long term financing market with period of more than one year. It's main function is to collect medium and long-term funds for industrial and commercial enterprises and also the government, to make up for the deficit of funds for certain specific purposes.

The main suppliers in international capital market is various financial institutions such as commercial banks, savings banks, investment companies, insurance companies and trust companies, etc as well as multinational companies, national monetary authorities and international financial organizations, private investors etc. The demanders are mainly international financial institutions, government agencies, industrial and commercial enterprises, etc.

The price of international capital market funds is medium and long-term interest rate, which can be divided into fixed and floating interest rates.

国际资本市场是指国际上借贷期限在一年以上的中长期资金融通场所,由国际中长期信贷市场和国际证券市场组成。其主要职能是筹集和运用中长期资金,为工商企业和政府弥补财政赤字或某些特定用途所需提供一年以上中长期资金借贷。通常1~5年称为中期,5年以上称为长期。

国际资本市场资金供应者主要是各种金融机构(如商业银行、储蓄银行、投资公司、保险公司以及信托公司等)、跨国公司、各国货币当局、国际金融组织、私人投资者等。资金需求者主要是国际金融机构、各国政府机构、工商企业等。市场交易工具主要包括银行中长期贷款、政府中长期债券、公司债券、公司股票、欧洲债券、外国债券等。国际资本市场主要分布在纽约、伦敦、苏黎世、法兰克福、巴黎、东京、新加坡和中国香港等国际金融中心。纽约、伦敦资本市场和欧洲货币市场是最大的国际资本市场。

国际资本市场资金的价格是中长期利率。按照其是否变动可分为固定利率和浮动利率。固定利率在整个期限内保持不变;浮动利率则在借贷期内可根据市场利率水平变化定期加以调整,其表示方法是基础利率再加上一个加息率。基础利率用得最多的是伦敦银行同业拆放利率,加息率的大小则根据贷款数额、期限长短、市场资金供求状况、贷款所用货币及借款人资信高低而有所不同。

### 9.3.2 The composition of international capital market

国际资本市场由国际中长期信贷市场和国际证券市场组成。

1. 国际中长期信贷市场

International medium and long term credit market is the place for governments, international financial institutions and international banks to provide long-term credit to certain clients.

国际中长期信贷市场,是各国政府、国际金融机构和国际银行业在国际金融市场上向客户提供中长期信贷的场所。国际中长期信贷是在20世纪60年代中后期形成的。20世纪70年代以后,国际中长期信贷市场开始迅速发展,到20世纪80年代中期达到鼎盛。20世纪80年代中后期,随着国际证券市场的发展,国际中长期信贷市场的发展势头有所减弱。20世纪90年代以来,国际中长期信贷市场重振雄风。

(1)国际中长期信贷市场的分类

国际中长期信贷市场按照不同标准可以划分为不同类型。

①按照贷款主体可以划分为政府贷款、国际金融机构贷款和国际商业贷款。

政府贷款是指各国政府或官方金融机构利用国家财政资金互相提供的优惠贷款。目前提供政府贷款的主要是一些发达国家及一些资金充裕的石油输出国,而接受贷款的主要是一些欠发达的发展中国家及一些国际债务沉重的国家。

国际金融机构贷款主要是各种国际金融机构向其成员国发放的一种特别贷款。

国际商业贷款是指国际商业银行在国际金融市场上向某一借款人发放的一种中长期资金贷款。国际商业贷款是国际中长期信贷市场上最主要的类型。

②按照贷款利率是否固定可以划分为固定利率贷款和浮动利率贷款。

20世纪60年代之前,国际贷款主要以固定利率为主。20世纪70年代以后,由于国际经济环境的变化,国际贷款则以浮动利率为多。当前国际中长期信贷市场上,浮动利率贷款已成为主流。

③按照贷款银行的多少可以分为单家银行贷款和银团贷款。

如果一笔贷款由一家银行单独承担,则为单家银行贷款;如果由多家银行组成一个集团对同一借款人进行贷款,则称为银团贷款。目前,银团贷款已成为国际中长期信贷市场上最主要的贷款方式。

(2)国际中长期信贷市场特征

国际中长期信贷市场90%以上的贷款是国际商业贷款,国际商业贷款的性质决定了国际中长期信贷市场的性质。国际商业贷款的特征主要如下:

①资金使用由借款人自主决定,不受贷款银行的限制。国际中长期信贷在贷款资金的使用上不像其他形式的贷款

一样,借款人可以自主安排资金的使用,将资金用于任何一种用途。

②资金供给充足,借取方便。国际中长期信贷资金供给充足。国际中长期信贷资金供给充足,可达几万亿美元。另外,每笔贷款的金额也较大,可达几千万美元到几十亿美元,而且借款手续较为简单。

③贷款利率偏高。国际中长期信贷的利率以市场利率为基础,随行就市,波动较大,利率水平较高。

2. 国际证券市场

国际证券市场,是指筹资者直接到国际证券市场发行债券或股票以及买卖债券和股票的场所。在国际资本市场中,国际证券市场占据主导地位,特别是近几十年来国际金融市场出现了明显的证券化现象。国际证券市场主要包括国际债券市场和国际股票市场。

(1) 国际债券市场

国际债券,是指一国政府或居民为筹措外币资金在外国发行的债券。国际债券市场是指由国际债券的发行人和投资人所形成的金融市场,具体可分为发行市场和流通市场。发行市场组织国际债券的发行和认购。国际债券市场主要包括外国债券市场和欧洲债券市场。

外国债券是指发行人在外国证券市场发行的以市场所在国货币为面值的债券。此种债券的承销由市场所在地国家的承销集团承担,债券的发行及交易必须受到市场所在国的法律制约和监督。目前,美国、瑞士、德国和日本是世界四大外国债券市场。

欧洲债券是指发行人在外国发行的以市场所在国以外的第三国的货币作为面值的债券,又称境外债券或离岸债券。欧洲货币债券市场是指发行欧洲货币债券进行筹资而形成的一种长期资金市场。它是20世纪60年代以后出现的一种新型的国际债券。

相对于外国债券市场而言,欧洲债券市场具有以下优点:

①市场容量大。2014年,欧洲债券发行规模达到1.4万亿美元,不仅远超外国债券的发行量,而且超过欧洲中长期信贷市场的容量。这使得欧洲债券市场可以大宗地、经常吸纳各种欧洲债券的发行,满足大量筹资者和投资者的需要。

②自由和灵活。这是欧洲债券市场最大的特点。在欧洲债券市场上发行的债券不需要官方批准,因而可以回避一些限制,这在国内债券市场和外国债券市场上是不可能

---

International securities market refers to the place where the fund raisers issue, as well as buy and sell bonds or stocks directly to the international securities market.

Foreign bond is a bond issued in the foreign securities market in the currency of the country where the market is located. The issue and trading of bonds must be subject to the laws and regulations of the countries in which the market is located.

Eurobonds is a bond issued in a foreign country with a third country's currency. It's also called offshore bonds.

的。而且,欧洲债券的发行是由各主要金融中心的金融机构所组成的国际辛迪加来进行,因而不会因某一个国家的限制而影响债券的发行。

③安全。欧洲债券市场的主要借款人是跨国公司、各国政府和国际组织。这些借款人一般都有极好的信誉,因而对于投资者来说是比较安全的。

④选择性强。在欧洲债券市场发行的债券并不限于某一倾向的债券。借款人可以根据各种货币的汇率、利率和需要选择发行币种;投资者也可以根据各种债券的收益,选择购买任何一种货币的债券。这在一个国家的外国债券市场上是无法做到的。

(2)国际股票市场

> The international stock market is a general term for the issue and trading of stocks in the international financial market.

国际股票市场,是在国际金融市场上发行股票并从事已发行股票交易的市场的总称。国际股票市场主要包括发达国家的股票市场和新兴国家的股票市场。前者主要指美国、日本、英国及欧洲大陆少数发达国家,后者主要是指亚太地区的一些新兴发展中国家。其中,美国的股票市场最为发达,其拥有世界上最大的场内交易市场(纽约证券交易所)和场外交易市场(纳斯达克股票市场)。

作为新兴的国际资本市场,国际股票市场正在经历一个加速发展的阶段,无论在规模上还是结构上,都有新的突破,新的国际股票市场格局正在形成。目前,国际股票市场发展趋势如下:

第一,市场多元化和集中化并存。一方面进入新世纪以来,出现许多新兴股票市场,国际股票市场也蔓延到世界各地;另一方面,国际股票市场已经形成三个全球性的市场——伦敦、纽约和东京。

第二,投资者机构化。由于国际股票大多由外国公司发行,一般的大众投资者了解相关信息的渠道不及机构投资者,再加上市场交易门槛较高,因此参与国际股票交易的主要是机构投资者。

第三,股票存托凭证市场兴起。近些年,股票存托凭证在全球发展非常迅速,成为国际股票市场的重要组成部分。由于发展中国家公司的信资较低,规模较小,难以直接在国外发行股票,因此股票存托凭证对于发展中国家更为重要。

第四,全球一体化股票市场正在形成。世界三大证券交易所位于不同的时区,在亚洲的东京和香港证券交易所闭市以前,伦敦证券交易所已经开始交易,而在伦敦交易所闭市以前,纽约证券交易所已经开市。这样形成了以东京—伦敦—纽约为轴心的全球股票交易市场。

## 9.4　Offshore financial market

### 9.4.1　What is offshore financial market?

Offshore financial market, also known as overseas market, is the international financial market operating between foreign investors and foreign fundraiser.

离岸金融市场(offshore financial market)，又称境外市场，特指那些经营非居民之间的融资业务，即经营外国投资者和外国筹资者之间业务的国际金融市场。

离岸金融市场有别于传统国际金融市场，其主要特点是：(1)市场范围广阔，规模巨大，资金实力雄厚，几乎覆盖了世界各地；(2)市场借贷关系为外国借贷双方之间的关系；(3)市场不受所在国政府当局金融政策、法令的管辖和外汇管制的约束；(4)市场有相对独立的利率体系；(5)资金调拨方便，货币选择自由。

### 9.4.2　The functions of offshore financial market

离岸金融市场的作用是广泛的，一般有以下几个方面：

(1)离岸金融市场的产生促进国际融资渠道的通畅，为世界各国提供一个利用闲置资本和顺利筹集经济发展资金的重要场所和机会。它不仅促进了某些工业国家的振兴，而且在一定程度上促进了发展中国家的经济建设。

(2)离岸金融市场的出现缩小了各国金融市场的时间和空间的距离。离岸金融市场一方面使国际银行可以24小时连续营业，形成国际借贷资金高速运转的全球流动体系；另一方面由于离岸市场的低税率和减免税及其他金融优惠措施，使得资本交易成本大幅下降，最大限度地激发了国际资金的活力，促使国际资本加速流动，使国际资源配置更加合理。

(3)离岸金融市场的出现缓和了国际收支失衡，稳定了国际秩序。离岸金融市场的出现在调节国际收入方面发挥着重要的作用。第二次世界大战之后，离岸金融市场日益成为各国外汇资金的重要来源。之后，由于石油危机，许多西方发达国家和非产油发展中国家都出现了巨额国际收支逆差，它们通过离岸金融市场筹措资金，在一定程度上缓和了国际收支状况。

### 9.4.3　The classification of offshore financial market

离岸金融市场根据不同的标准可以分为不同的类型。

1. 按业务对象及营运特征，可把离岸金融市场分为功能中心和名义中心。

(1)功能中心(Function center)集中了众多的外资银行和金融机构,从事具体的存款、贷款和投资业务。功能中心又可分为集中型中心和分离型中心。

①集中型中心,又称内外混合型离岸金融市场。其金融业务为离岸和在岸业务混合在一起,金融市场同时对居民和非居民开放。该类型市场最典型的是伦敦和香港。

②分离型中心,又称内外分离型金融市场,是指限制外资银行与居民往来,只准许非居民参与的离岸金融业务。经营离岸金融业务的机构必须获得特殊的经营执照,典型的分离型离岸金融市场主要包括纽约、东京、吉隆坡、首尔等。

(2)名义中心(Paper center),又称避税港型离岸金融市场,是指不经营具体融资业务,只从事各种借贷投资等业务的转账或注册等手续性事务,以逃避税收和管制的金融市场。这种离岸金融市场的特点是:①政局稳定,税负低,没有金融管制;②资金来源于非居民,也投放于非居民;③资金的提供和筹集并不在这个市场上,一些国际性的大银行只是在这些地方建立"空壳"分行,仅在所在地注册和过账,旨在逃避管理和税收,因而这种中心也称簿记中心,并有"逃税天堂"的美称。巴哈马、开曼群岛等属于这一类的离岸金融市场。

2. 按资金的流向,可把离岸金融市场划分为基金中心和收放中心。

(1)基金中心(Funding center)主要吸收国际游资,然后贷款给本地区的资金需求者。以新加坡为中心的亚洲美元市场属于此类型。它的资金来源于世界各地,而贷款对象主要是东盟成员国或邻近的亚太地区国家。

(2)收放中心(Collecting center)的功能与基金中心相反,收放中心主要筹集本地区富余的境外货币,然后贷款给世界各地的资金需求者。亚洲新兴的离岸金融中心巴林就属于这一类型,它主要吸收中东石油出口国巨额石油美元,然后贷给世界各地的资金需求者。

### 9.4.4 Eurocurrency market

1. 欧洲货币市场的概念

欧洲货币并非指欧洲国家的货币,而是指游离于一个国家境外的各种货币的总称。欧洲货币市场是指以非居民参与为主,以欧洲银行为中介,在某种货币发行国境外从事该种货币借贷或交易的市场,又称离岸金融市场或境外金

European currency does not refer to the currency of the European countries, but refers to a variety of currencies outside of a country.

European currency market refers to the financial market for non residents, taking European bank as an intermediary, issued in a foreign currency. Its also known as the offshore financial market or overseas financial market.

融市场。欧洲货币最早在欧洲出现,并因此而得名。由于欧洲货币市场发展迅速,交易量远超传统国际金融市场,从某种意义上来讲,已成为当代国际金融市场的代表。

欧洲货币市场具有以下特点:

(1)欧洲货币是一个以欧洲美元为主体的多币种货币体系。欧洲货币市场起源于欧洲美元市场,最初主要集中在以伦敦为中心的欧洲金融中心,以后随着市场的逐步扩大,其主要借贷货币不再限于美元,任何可以自由兑换的境外货币都是该市场的存贷货币。如欧元、英镑、日元等。

(2)欧洲货币市场不单是欧洲区域内的市场。欧洲货币市场虽产生于欧洲,但不仅限于欧洲。目前,欧洲货币市场既包括欧洲各主要金融中心,也包括日本、新加坡、中国香港、加拿大、巴林、巴拿马等新的全球或区域金融中心。它不隶属于任何一个国家或地区,也不受任何一国或地区政府管辖。

(3)欧洲货币市场不单是货币市场。欧洲货币市场的提法容易造成市场是短期资金交易市场的误解。事实上,欧洲货币市场不仅包括短期资金市场,也包括中长期资金交易。

2. 欧洲货币市场的构成

欧洲货币市场的业务目前主要由两部分构成:一部分是银行同业交易;另一部分是非银行同业交易。根据资金的借贷期限、方式和业务性质,欧洲货币市场可以分为短期信贷市场和中长期信贷市场。

(1)欧洲短期信贷市场(欧洲货币资金市场)

European short term credit market refers to the short-term European currency lending market within one year (including one year).

欧洲短期信贷市场是指期限在1年以内(包括1年)的短期欧洲货币借贷市场。短期资金拆借是欧洲货币市场最早的业务方式,也是目前欧洲货币市场中规模最大的子市场,占据着主导地位。欧洲短期信贷市场的主要业务是信用贷款,无须担保,通过电话或电传即可成交。市场存款大多数是企业、银行、机构和个人的短期闲置资金,这些资金通过银行提供给另一些国家的需求者作为短期周转。

欧洲短期信贷市场具有以下特点:

①期限短。多为3个月以内。

②借贷金额比较大,可达1亿美元甚至更多。

③灵活方便。在借贷期限、借款货币种类和借款地点方面有较大余地,这是欧洲货币市场对借款人最具吸引力的特点。

(2)欧洲中长期信贷市场

European long term credit mar-

欧洲中长期信贷市场贷款期限在1年以上,筹资者是

kets are markets to finance the world's major companies, governments and international institutions for more than 1 year.

世界各地大公司、政府及国际机构,贷款金额较大,期限较长,一般为7~10年,有的可长达20年,因此往往由几家或几十家银行组成银团,通过一家或几家信誉卓著的大银行牵头向其提供贷款,即辛迪加贷款。因贷款期限长,因此多采用浮动利率,即LIBOR加一定幅度,并根据市场变化每三个月或半年调整一次。

(3)欧洲债券市场

欧洲债券市场是货币市场的重要组成部分。自20世纪70年代以来,各国对长期资金需求迅速上升,筹资的证券化也日趋明显,债券形式的融资活动发展很快,从而推动了欧洲债券市场的形成和发展。近年来,欧洲债券市场在货币资本市场借贷总额中的比重已经超过了欧洲中长期信贷市场。目前,欧洲债券市场的主要种类是:

①普通固定利率债券。债券利率和到期日已做了明确规定。

②浮动利率债券。利率可调整,多为半年一次,以6个月期伦敦银行同业拆放利率或美国商业银行优惠放款利率为准,加上一定的附加利率。

③可转换债券。购买者可按发行时规定的兑换价格,把债券兑换成相应数量的股票。

④授权证债券。购买者可获得一种权利,并据此按协定条件购买某些其他资产,类似于有关资产买入期权。

⑤合成债券。具有固定利率债券和利率互换合同的特点。

## 9.5 Asia currency market

Asian currency market refers to the market formed by the banks of the Asia Pacific region in the operation of foreign currencies.

亚洲货币市场,是指亚太地区的银行经营境外货币的借贷业务所形成的市场。这里的"亚洲货币"是指亚洲货币市场经营中所使用的有关货币,包括美元、英镑、欧元、瑞士法郎、日元等自由兑换的货币。在所有货币中,美元占境外货币交易的90%,所以又称其为"亚洲美元市场"。

亚洲货币市场包括亚洲货币信贷市场和亚洲债券市场。

### 9.5.1 亚洲货币信贷市场

亚洲货币信贷市场根据期限分为短期信贷市场和中长期信贷市场。

亚洲货币短期信贷市场的信贷期限通常为1年以下,以2~3个月期限的居多。在1975年以前,亚洲货币信贷市场基本上是一个短期信贷市场。银行同业、政府机构和公司企业为主要的借款人,融资目的均是短期资金周转的需要。短期信贷利率以伦敦银行同业拆放利率为基础,再根据亚洲货币市场的供求状况加以调整,因此利率波动比较频繁。

亚洲货币中期信贷市场在20世纪70年代后期才开始发展。

这种信贷期限较长,以3年以上期限为多,也有长达10年的。信贷对象主要以亚太地区的发展中国家的企业和政府居多,作为筹集长期资金。中期信贷利率一般采用浮动利率,每3个月或每6个月调整一次。

长期以来,中国香港的亚洲货币辛迪加贷款一直在亚洲货币市场中的中长期信贷中占据重要地位。香港于1974年组织第一次美元辛迪加贷款。20世纪80年代以来,香港的亚洲货币辛迪加贷款一直占亚太地区辛迪加贷款总额的一半以上。1994年香港亚洲货币辛迪加贷款占亚太地区总额的53%,新加坡为17%,其他为30%。亚洲货币辛迪加贷款业务主要为亚洲美元占最大比重,近年来日元贷款日益增多,其他货币有欧元、瑞士法郎、英镑等。亚洲货币贷款利率主要以伦敦银行同业拆放利率为基础利率,另外加0.5%~1%的加息率。近年来由于竞争激烈,加息率有下降的趋势。1980年以后,韩国成为香港亚洲货币辛迪加贷款的主要借款人,其借入的80%的辛迪加贷款均来自中国香港。20世纪80年代初期的主要借款人还有菲律宾和印度尼西亚等,而自20世纪80年代后期,中国内地代替韩国成为中国香港亚洲货币辛迪加贷款的最大借款人。

### 9.5.2 亚洲货币债券市场

Asia currency bond is an international bond issued by the banks and other financial institutions in the Asia Pacific region, which is denominated in convertible currencies such as US dollar, Japanese yen and euro.

亚洲货币债券是指亚太地区发行的,以境外美元、日元和欧元等可兑换货币为面值货币,由区内银行和其他金融机构承销的一种国际债券。它有两种形式:一种是在亚洲上市并在亚洲地区销售;另一种是同时在亚洲和欧洲的证券交易所上市和销售。第一笔亚洲货币债券是1971年12月由新加坡政府担保,由新加坡开发银行发行的,金额为1 000万美元的亚洲债券。此后,新加坡和中国香港成为亚洲货币债券的交易中心。中国香港的职能主要为二级市场和认购在新加坡发行的亚洲货币市场。

亚洲货币债券的期限一般在6~15年,在初期一般采用固定利率。固定利率债券的发行成本要比同期限的亚洲货币借款成本低,如第一笔亚洲货币债券即为8.5%固定利率的 10 年期债券。20 世纪 80 年代以来,由于国际利率波动频繁,亚洲货币债券多改为浮动利率,一般比伦敦银行同业拆放利率高 0.125%～0.25%。亚洲货币债券大部分货币为美元,其次是日元,也有其他货币如欧元、澳元、加拿大元等,但不普遍。

亚洲货币债券的发行人主要有各国政府、半官方机构、跨国公司、银行和其他私人企业等不同组织和机构,并且主要来自亚太地区。随着亚洲货币债券市场在规模和深度上的发展,各个时期的发行人也有所不同。20 世纪 70 年代后期,发行人主要是来自日本的机构和一些国际金融机构,如世界银行、亚洲开发银行和非洲开发银行。20 世纪 80 年代以来,一些欧美的金融机构也活跃于亚洲货币债券市场,如法国巴黎国民银行、美国花旗银行等。

## Summary

1. Financial markets are for transactions of financial assets or liabilities. They provide financing and investing for individuals, firms and governments.

2. Liquidity is the ease with which investors can capture an asset's cash value.

3. Money market is the market for financial assets and liabilities of short maturity (less than one year).

4. The features of money market are high degree of liquidity, low return and low degree of risk.

5. Short-term credit market is an interbank market. It provides short-term loans with maturities of less than 1 year.

6. Treasury bill: a short-term U. S. government security. It bears no formal interest and is issued at a discount on its redemption price.

7. Commercial paper is an unsecured, short-term debt issued by a firm.

8. Negotiable certificate of deposit (NCD) is issued by commercial banks with a minimum face value of $100 000. It can be sold in the secondary market.

9. Repurchase agreement or repo: The holder of T-bills sells the T-bills to a lender and agrees to repurchase them at an agreed future price. T-bills are used as collateral. The lender has claim to the T-bills if the borrower defaults on the loan. So repos have no default risk.

10. Eurocurrency market is for transactions of financial assets and liabilities denominated in Eurocurrencies.

11. Eurocurrency is a currency held in a country other than the country the currency is issued. For example, a dollar deposit in a London bank or a Paris bank. The dollar is called Eurodollar. If a sterling deposit held in a Japanese bank, the sterling is called Eurosterling.

12. Eurocredit or Euroloan is a short- and medium-term bank loan denominated in Eurocurrency.

13. Eurocommercial paper (ECP) is a short-term note issued by a bank or company.

14. Capital market is for trading financial assets and liabilities with maturities greater than one year. Bond market, stock market, home-mortgages market are typical capital markets.

15. A Eurobond is a bond issued in a currency other than that of the country or market to which it is is-

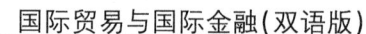

sued.

16. Stock markets are for trading company equities. Firms issue stocks to raise long-term funds.

17. NASDAQ is the largest electronic screen-based equity securities trading market. It is an OTC market. All stock trades are done electronically through a network of dealers.

## Exercises

1. What is the difference between a money market and capital market?
2. Define liquidity.
3. What are the components of international money market?
4. What is Eurocurrency?
5. What is a syndicated loan?
6. Why euro loan attractive to borrower?

# Chapter Ten
# Foreign Exchange Rate and Foreign Exchange Rate System

# 第十章
# 汇率与汇率制度

下面是2017年3月8日人民币对其他国家货币的外汇牌价。学习完本章后,你就能够理解牌价表中的含义。

| 币种 | 交易单位 | 中间价 | 现汇买入价 | 现钞买入价 | 卖出价 |
| --- | --- | --- | --- | --- | --- |
| 澳大利亚元 | 100 | 523.620 0 | 522.710 0 | 506.440 0 | 526.380 0 |
| 澳门元 | 100 | 86.410 0 | 86.370 0 | 83.470 0 | 86.690 0 |
| 港元 | 100 | 88.810 0 | 88.720 0 | 88.010 0 | 89.060 0 |
| 韩元 | 100 | 0.597 3 | 0.597 0 | 0.576 0 | 0.601 8 |
| 加拿大元 | 100 | 515.130 0 | 512.940 0 | 496.710 0 | 516.540 0 |
| 美元 | 100 | 689.570 0 | 689.100 0 | 683.440 0 | 691.860 0 |
| 欧元 | 100 | 729.330 0 | 727.820 0 | 705.150 0 | 732.930 0 |
| 日元 | 100 | 6.057 8 | 6.034 5 | 5.846 6 | 6.076 9 |
| 英镑 | 100 | 844.430 0 | 839.300 0 | 813.170 0 | 845.200 0 |

# Learning target:

1. What is foreign exchange and what is foreign exchange rate?

2. What are the size, characteristics, structure, and participants of foreign exchange market?

3. Why should study the risk exposure in international trade and investment and need for forward exchange market?

4. What are foreign exchange rate and quotation, and spot and forward exchange market?

5. What are the bid and ask rate, cross rate?

## Key words:

| | |
|---|---|
| foreign exchange | 外汇 |
| convertible foreign exchange | 自由兑换外汇 |
| clearing foreign exchange | 记账外汇 |
| trade foreign exchange | 贸易外汇 |
| non-trade foreign exchange | 非贸易外汇 |
| spot foreign exchange | 即期外汇 |
| forward foreign exchange | 远期外汇 |
| exchange rate | 汇率 |
| direct quotation | 直接标价法 |
| indirect quotation | 间接标价法 |
| US dollar quotation | 美元标价法 |
| buying rate | 买入汇率 |
| selling rate | 卖出汇率 |
| middle rate | 中间汇率 |
| forcign banknotes rate | 现钞汇率 |
| official rate | 官方汇率 |
| market rate | 市场汇率 |

## 10.1 Introduction to foreign exchange

### 10.1.1 What is foreign exchange?

Foreign exchange, in broad sense, refers to all assets owned by a country in foreign currency used for international settlement payment. The International Monetary Fund (IMF) defines it as the creditor's rights owned by the foreign exchange monetary authorities of a country (central bank, the monetary authority, foreign exchange stabilization fund and the Ministry of Finance) in the form of bank deposits, treasury bills, short term or long term government bonds and other forms to keep in balance of payments deficit.

外汇具有广义和狭义的概念。广义的外汇指一国拥有的一切以外币表示的资产。而狭义的外汇指以可兑换外币表示的可直接用于国际结算的支付工具。国际货币基金组织(IMF)把外汇定义为：货币行政当局(中央银行、货币管理机构、外汇平准基金及财政部)以银行存款、财政部库券、长短期政府债券等形式所保有的在国际收支逆差时可以使用的债权。

### 10.1.2 The content of foreign exchange

根据2008年8月修订通过的《中华人民共和国外汇管理条例》，外汇的内容包括：

(1)外国现钞,包括纸币、铸币;

(2)外币支付凭证或者支付工具,包括票据、银行存款凭证、银行卡等;

(3)外币有价证券,如股票、债券等;

(4)特别提款权(SDR);

(5)其他外币资产。

特别提款权(Special Drawing Right,简称 SDR)是1969 年由国际货币基金组织(IMF)创设的、根据各成员国缴纳的份额再分配给各成员国,用以清偿 IMF 贷款或弥补国际收支逆差的一种账面资产。

其他外币资产主要是指一些金融衍生工具,如 Future、Option、Swap(互换)、NIFs(票据发行便利)、FRA(远期利率协定)、SAFE(综合的远期外汇协议)等。

## 10.1.3 The classification of foreign exchange

1. 按受限程度,外汇可以分为自由兑换外汇、有限自由兑换外汇和记账外汇

自由兑换外汇(Convertible foreign exchange)是指在国际结算中用得最多、在国际金融市场上可以自由买卖、在国际金融中可以用于偿清债权债务并可以自由兑换其他国家货币的外汇,如美元、港币、加拿大元等。

Convertible foreign exchange refers to those currencies of other countries that are most used to pay debts in international settlement and can be freely traded and converted in international financial market. For example, the US dollars, Hong Kong dollars, Canadian dollars, etc.

有限自由兑换外汇(Limited convertible foreign exchange),则是指未经货币发行国批准,不能自由兑换成其他货币或对第三国进行支付的外汇。国际货币基金组织规定凡对国际性经常往来的付款和资金转移有一定限制的货币均属于有限自由兑换货币。世界上有一大半国家的货币属于有限自由兑换货币,包括人民币。

Limited convertible foreign exchange refers to those currencies of other countries which can not be converted or used as payment of a third country's debt without the approval of the currency issuing country.

记账外汇(Clearing foreign exchange),又称清算外汇或双边外汇,是指记账在双方指定银行账户上的外汇,不能兑换成其他货币,也不能对第三国进行支付。

Clearing foreign exchange, also known as the settlement foreign exchange or bilateral foreign exchange, refers to the foreign exchange in the bank accounts designated by both parties. It can not be converted or used as payment for a third country's debt.

2. 按来源与用途的不同,外汇可分为贸易外汇和非贸易外汇

贸易外汇(Trade foreign exchange),也称实物贸易外汇,是指来源于或用于进出口贸易的外汇,即由于国际上的商品流通所形成的一种国际支付手段。

Trade foreign exchange, refers to foreign exchange which is derived from or used for import and export trade.

Non-trade foreign exchange refers to all foreign exchange that does not come from or used for import or export trade. such as service exchange, remittances, tourism, aviation, ports, donations and other foreign exchange.

非贸易外汇(Non-trade foreign exchange)是指贸易外汇以外的一切外汇,即一切非来源于或用于进出口贸易的外汇,如劳务外汇、侨汇、旅游、航空、港口和捐赠外汇等。

3. 按外汇交易交割时间不同,外汇可分为即期外汇和远期外汇

即期外汇(Spot foreign exchange)又称现汇,指买卖双方成交后,在两个营业日内交割的外汇。

远期外汇(Forward foreign exchange)又称期汇,是指外汇买卖双方成交后,在两个营业日以后按合同约定的时间交割外汇。

### 10.1.4　The function of foreign exchange

外汇作为一种国际金融资产,是一国对外经济交往的重要手段和金融实力的体现,也是国际经济中的一个重要工具。外汇的作用具体体现在以下几个方面:

1. 用于国际债权债务的清偿,便利国际结算

外汇是重要的国际支付工具,通过国际上的各种资金往来和债权债务的清算,都要通过银行进行外汇收支。在借入外债时,对于一国来说是外汇收入,偿还债务时则是外汇支出。利用国际银行业的外汇支付系统,降低了资金的流动成本,提高了国际结算的效率,便利了国际债权债务的清偿。

2. 实现购买力的国际转移,促进国际贸易的快速发展

由于各国货币制度不同,一国货币一般不能在别国流通,对他国商品没有直接购买力。各国居民要相互购买彼此产品,必须将本国货币兑换成外国货币,即外汇。这样便克服了货币在国际上流通的障碍,使各国货币的购买力通过相互兑换在国外也能实现。由于外汇促进了货币在国际上的流通,因而扩大了国际上商品流通规模,促进了国际贸易迅速发展。

3. 便利国际资金余缺的调剂,促进世界经济的发展

国际资本余缺的调剂是通过国际资本流动进行的,而国际资本流动离不开外汇。外汇作为国际信贷、投资的重要工具,为资金在国际的调拨和运用提供了条件,加速了资金的周转,使资本短缺国家可以利用国际资本发展本国经济,从而促进国际投资与国际贸易活动的开展,提高了世界经济发展的总体水平。

4. 保存货币的国际购买力,满足国际支付准备金的需要

## 第十章 汇率与汇率制度

在国际经济活动中,外汇的持有者往往并不急于使用外汇。将外汇作为一种国际储备资产,存放在外国银行,不仅可以存储外汇所代表的国际购买力,还可以作为对外借贷的保证金,提高对外偿债的信誉,稳定货币的汇率,增强一国国际金融实力。

## 10.2 Exchange rate

### 10.2.1 What is foreign exchange rate?

> Exchange rate is the rate or ratio between two countries' currencies, or the price of one country's currency expressed in another currency.

国际上货币的兑换,也就是外汇买卖,是按照一定比率即汇率进行的。所谓汇率(Exchange rate),就是两国货币之间的比价或者比率,或者说是用一国货币表示的另一国货币的价格。计算两种货币之间的汇率,或者说用一种货币表示另一种货币的价格,对于一个具体的国家来说,既可以用本国货币表示外国货币的价格,也可以用外国货币表示本国货币的价格。因此就产生了不同汇率标价方法。

### 10.2.2 The quotation of exchange rate

汇率的标价方法主要有直接标价法、间接标价法和美元标价法。

1. 直接标价法(Direct quotation)

> Direct quotation is the price of a foreign currency expressed by a country's currency. That is, the number of a country's currency that can be exchanged to a fixed amount of foreign currency.

直接标价法就是用本国货币表示外国货币的价格。即固定数量的外国货币能够兑换多少单位的本国货币。"固定数量"可以是1单位,也可以是100单位。

在直接标价法下,外币数量固定不变,通过本币数量变化来反映外汇汇率的涨跌。一定单位外币数量不变,所兑换的本币数量增多,说明外汇汇率上升,本币汇率下跌;反之,一定单位的外币数量不变,所兑换的本币数量减少,说明外汇汇率下跌,本币汇率上升。除美元、英镑等货币外,世界上绝大多数国家的货币实行直接标价法。

2. 间接标价法(Indirect quotation)

> Indirect quotation is the price of a country's currency expressed by foreign country's currency. That is, the number of a foreign country's currency that can be exchanged to a fixed amount of that country's currency.

间接标价法就是用外国货币来表示本国货币的价格。即数量固定的本国货币能够兑换多少单位的外国货币。英国、美国等国采用此方法。美国在1978年以前采用直接标价法,1978年以后除了对英镑和欧元仍采用直接标价法外,对其他货币的汇率都采用间接标价法。英国对所有国家的汇率都采用间接标价法。

在间接标价法下,本国货币数量不变,一定单位的本币所兑换的外币数量增加,说明外汇汇率下跌,本币汇率上升;若兑换的外币数量下降,说明外汇汇率上升,本币汇率下降。

3. 美元标价法(US Dollar quotation)

美元标价法是指各货币均以美元为标准表示汇率的方法。在实际的外汇买卖中,交易所涉及的两种货币往往是外国货币而非本国货币。此时,除欧元、英镑等几种货币外,其他货币都以美元为基准货币进行标价,也就是美元标价法。两种非美元货币之间的汇率需要套算。美元标价法是目前国际金融市场上外汇交易通用的标价法。

### 10.2.3　The classification of exchange rate

1. 按照银行买卖中报价的不同,汇率可分为买入汇率和卖出汇率

买入汇率(Buying rate)也称外汇买入价,是指银行向客户或同业买入外汇时所使用的汇率。

> The buying rate, also known as the buying price, refers to the exchange rate used by a bank for the purchase of foreign currency from a customer or a bank.

卖出汇率(Selling rate)也称外汇卖出价,即银行向客户或同业卖出外汇时使用的汇率。

> The selling rate, also known as the selling price, refers to the exchange rate used by a bank to sell foreign currency to a customer or a bank.

外汇银行等金融机构买卖外汇是以营利为目的的,其买入价与卖出价的差额就是其经营外汇业务的收益,因此银行的外汇卖出价必然高于其买入价。

另外,外汇汇率还有中间价和现钞价。中间价也称中间汇率,是买卖价的平均值,即:中间价=(买入价+卖出价)÷2。中间汇率不是用于实际交易的汇价,一般用于经济分析中。

现钞价是指银行买卖现钞时所使用的汇率。一般来讲,外汇现钞买入价要低于各种支付凭证的牌价,因为对于商业银行来说,外汇现钞在使用与调拨上存在一定的时滞,在此期间,银行会承担一定的利息损失和外汇风险,银行通常用压低现钞买入价来规避此类风险。而现钞卖出价与一般卖出汇率相同。

> Cash price refers to the exchange rate when the banks make cash trading.

2. 按照各国制定汇率的方法划分,汇率可分为基准汇率和套算汇率

基准汇率(Benchmark rate)是指本国货币与关键货币的汇率。由于各国货币制度各异,在制定汇率时,通常会选择某一国货币作为关键货币。选择关键货币一般需要具备以下几个条件:第一,在本国国际收支中使用最多;第二,在本国外汇储备中占比重最大;第三,在国际上普遍被接受。在现实经济活动中,美元具备上述条件,因此各国通常把美元作为本国制定基本汇率时的关键货币。

> The benchmark exchange rate is the exchange rate between the domestic currency and the key foreign currency.

套算汇率(Cross rate),也称交叉汇率,是指本国货币对非关键货币的汇率,是本国货币以关键货币作为中介而推算出来的汇率。

3. 按照外汇交易交割时间的不同,汇率可分为即期汇率与远期汇率

即期汇率(Spot exchange rate),也称现汇汇率,是指外汇买卖双方在成交后两个营业日内交割时所使用的汇率。

The spot exchange rate, refers to the exchange rate used at delivery in 2 days of the foreign exchange transaction.

远期汇率(Forward exchange rate),也称期汇汇率,是指外汇买卖双方在成交后,约定在两个营业日后的某个时间进行交割时所使用的汇率,未来交割货币时,不管汇率如何变化,买卖双方都按事先约定的这个汇率进行交割。

The forward exchange rate refers to the exchange rate agreed by both parties of transaction and used at delivery, normally 2 days after the transaction.

远期汇率与即期汇率关系密切,若远期汇率高于即期汇率,就表明远期汇率升水(premium);若远期汇率低于即期汇率,则表明远期外汇贴水(discount);若两者相等,则为平价(at par)。

4. 根据汇率制度的不同类型,汇率可以分为固定汇率和浮动汇率

固定汇率(Fixed rate)是指两国货币的汇率基本固定,汇率的波动幅度被限制在较小的范围之内。

Fixed exchange rate means that the exchange rate between two currencies is basically fixed, and the fluctuation of the exchange rate is limited to a small range.

浮动汇率(Floating rate)是指不规定汇率波动的上下限,可以自由变动、汇率随外汇市场的供求关系自由波动的汇率。浮动汇率也分为自由浮动和有管理的浮动。自由浮动是政府对汇率波动不采取任何干预措施,完全按照市场供求情况来决定和调整。管理浮动是指政府通过参与外汇买卖等手段,干预外汇的变动和走向,使汇率的变动对本国经济有利。

Floating exchange rate means that the exchange rate fluctuation has no limitation and freely fluctuate according to foreign exchange market's supply and demand.

5. 按照世界各国汇率管制的宽严划分,汇率可分为官方汇率和市场汇率

官方汇率(Official exchange rate)是指国家官方机构(中央银行或外汇管理局)所规定的汇率。在外汇管制严格的国家,官方禁止自由外汇市场的存在,规定一切交易必须按政府公布的汇率进行。在外汇管制较松的国家,官方汇率只是起着中心汇率的作用。

Official exchange rate refers to the exchange rate prescribed by the central bank or foreign exchange control authority of a country.

市场汇率(Market exchange rate)是指在外汇市场上进行外汇买卖所使用的汇率,它随着外汇市场上的供求关系和其他影响汇率变动因素的影响而上下波动。政府有时通过影响市场的外汇供求来调节汇率。

Market exchange rate refers to the exchange rate used in the foreign exchange market, which fluctuates with the supply and demand of foreign exchange and other factors affecting the exchange rate.

6. 根据衡量货币价值划分,汇率可分为名义汇率和实

Nominal exchange rate is the exchange rate used in the foreign exchange market. The foreign exchange rates announced by banks are nominal exchange rates.

Real exchange rate is the exchange rate with technical adjustment of the nominal exchange rate according to the price index. It reflects the relative price level of two countries' commodities, thus reflects the international competitiveness of domestic goods.

际汇率

名义汇率(Nominal rate)是指外汇市场上外汇交易的现实汇率。各国外汇银行公布的汇率都属于名义汇率。

实际汇率(Real exchange rate)是对名义汇率按物价指数进行技术调整后的汇率。名义汇率由外汇市场供求决定，并不完全反映两种货币购买力相对水平的变动。实际汇率按外国与本国物价指数之比对名义汇率进行调整，来表示两国货币购买力相对水平。用公式表示为：

$$R_r = R_n \cdot \frac{P^*}{P}$$

式中：$R_r$ 表示实际汇率；$R_n$ 表示名义汇率；$P^*$ 表示外国物价指数；$P$ 表示本国物价指数。

实际汇率反映了以同种货币表示的两国商品的相对价格水平，从而反映了本国商品的国际竞争力。

## 10.3 The decision of exchange rate and its economic influence

### 10.3.1 The nature of exchange rate and the basis of determination

由于货币是交换的一般等价物，是价值的结晶和代表。因此，汇率在形式上表现为用一国货币表示另一国货币的价格，实质上是两国货币所具有或代表的价值量的交换比率，所反映的是不同国家货币之间的价值对比关系。

既然汇率在本质上是两国货币所具有或代表的价值量的对比，那么货币本身所具有或代表的价值量自然就是汇率决定的基础。例如，在金本位制下，1英镑含纯金113.001 6格令(合7.322 38克)，而1美元含纯金23.22格令(合1.504 63克)，则两国货币的铸币平价为 GBP1＝USD4.866 5(即113.001 6/23.22)。这一铸币平价就成为决定英镑对美元汇率水平的基础，亦即英镑对美元的真实汇率。在纸币流通制度下，纸币本身不包含实际的价值量，但它在流通中代表着一定的金量或价值量，因此，纸币所代表的金量或价值量的对比就成为汇率决定的基础。

Gold comparison method, is to calculate the real exchange rate by comparing the market price of gold in two countries.

对于真实汇率的计算和衡量，目前主要有两种常用的办法：一是金价对比法；二是物价对比法。

金价对比法，即通过黄金的市场价格来计算真实的汇率。如果黄金价格上升，则说明纸币代表的价值量在下降；反之则相反。一般以黄金长期平均市场价格计算。

Price comparison method is to cal-

物价对比法，是通过两国国内的物价水平来计算真实

culate the real exchange rate by comparing the domestic price level in two countries, or by calculating the purchasing power parity in two countries.

汇率,即采用计算两国纸币购买力平价的方法。购买力平价是真实汇率在纸币流通制度下的一种表现形式。商品的价格每日每时都在变化,因此人们无法准确地计算出纸币代表的实际价值量,只能以两国物价指数的对比来近似地反映真实汇率的变动程度。

### 10.3.2　Main factors influencing exchange rate

1. 货币流通状况

在影响汇率的诸因素中,货币流通状况是最主要的因素,对汇率的基本水平起着决定性的作用。一般来说,在货币的供应和需求两个方面,货币需求相对稳定,它与国民收入和经济结构等因素保持着比较稳定的函数关系。因此,纸币的价值量变化主要取决于货币的供应量。当一国因货币供给增加过多而发生通货膨胀时,会使该国货币的真实汇率下降,最终会引起该国货币的现实汇率下降;反之,则会发生相反的变化。

2. 国际收支差额

国际收支是一国对外经济活动的综合反映,它对一国货币汇率的变动有着直接的影响。而且,从外汇市场的交易来看,国际商品和劳务的贸易构成外汇交易的基础,因此也决定了汇率的基本走势。

一国国际收支顺差导致国内外汇供给增加,会引起对本币需求的增加,在这个过程中,本币汇率会上升,外币汇率会下降;反之,当一国国际收支逆差时,本国对外币的需求会增加,此时,外汇市场上外币会升值,本币会贬值。

3. 实际经济增长率

实际经济增长率和社会劳动生产率的相对差异,对汇率变动产生长期重要的影响。在其他条件不变的情况下,相对较高的实际经济增长率通常意味着较快的国民收入增长,会使一国增加对国内外商品和劳务的购买,进而增加该国对外汇的需求,引起外币汇率上升,本币汇率下降。反之,则出现相反的效果。

4. 心理预期

在外汇市场上,如果人们预期某种货币的汇率可能下跌,或对发行货币的政府失去信心,就会大量抛售该种货币;如果预期某种货币汇率上升,就会大量购入该种货币,从而引起汇率的急剧波动。在某些情况下,心理因素甚至会诱发大规模资金移动,成为短期偶发性汇率变动的主要原因。

### 10.3.3 Impacts of exchange rate changes on the economy

汇率变动既是各种客观经济因素影响的结果,同时又对经济活动起着重要的影响作用。下面以本币升值为例分析汇率变动对经济的影响。本币贬值对经济影响正好相反。

1. 本币升值将抑制出口,鼓励进口,恶化国际收支

一国货币升值,会提高该国出口商品的外币价格,出口商品的价格优势将消失,降低出口商品的国际竞争力,国外市场对该国出口商品的需求萎缩,订单减少。反过来,对于进口来说,本币升值会导致进口商品的价格下降,这会提高进口商品在国内市场的竞争力,增加对这些商品的需求,增加进口数量。当出口减少,进口增加,国际收支就会恶化。

2. 本币升值会降低一国外商直接投资的吸引力

本币升值将导致对外资吸引力下降,减少外商对该国的直接投资。因为本币升值后,同样数量的外币兑换的本币数量下降,能购买的劳动力和土地等生产要素的数量减少。反过来,本币贬值,会导致对外资的吸引力上升。

3. 本币升值对国内经济的影响

首先,本币升值一方面会鼓励进口,导致大量廉价进口商品输入,促使国内物价下降;另一方面本币升值会抑制出口,使大量商品不得不由出口转内销,从而压低国内物价。本币贬值的作用正好相反。

其次,本币升值会抑制本国出口生产及相关行业的发展,同时打击国内生产进口替代产品的弱小企业;另一方面,由于其对资本输出的鼓励效应,会在某种程度上缩小国内投资的规模。因此一般来说,本币升值会减少国民生产和国民收入并加重失业的影响。本币贬值则具有相反的作用。

## 10.4 Exchange rate system

### 10.4.1 What is exchange rate system?

汇率制度亦称汇率安排,是指各国货币当局对于确定、维持、调整和管理本国货币汇率的原则、方法、方式和机构等做出的系统安排和规定。其主要内容包括:(1)确定汇率的原则和依据;(2)维持和调整汇率的办法;(3)管理汇率的法令、制度和政策;(4)制定、维持和管理汇率的机构。

The exchange rate system, also known as the exchange rate arrangement, refers to the institutional arrangements such as principles, methods, modes and provisions of the monetary authorities

## 第十章　汇率与汇率制度

汇率制度是国际货币制度的重要组成部分。在金本位制度下,各国普遍实行固定汇率制度。第二次世界大战后,建立了布雷顿森林国际货币制度,出现了全球统一的汇率安排。但布雷顿森林体系崩溃后,统一的固定汇率制度也随之瓦解,各国又重新自行选择不同的汇率制度。从历史上看,汇率制度基本上可分为固定汇率制和浮动汇率制两种,并随着国际货币制度的演变,大致经历了由固定汇率制度向浮动汇率制度发展的过程。

### 10.4.2　Fixed exchange rate system

固定汇率制度,是指将货币汇率固定不变,或将货币汇率的波动规定在一定幅度之内的一种汇率制度。根据确定汇率基准的不同,固定汇率制度又分为金本位制下的固定汇率制和纸币流动制度下的固定汇率制。

1. 金本位制下的固定汇率制

金本位是以黄金为本位的一种货币制度。在典型的金本位制即金币本位制下,市场上流通的货币既有金铸币,同时也流通着随时可向银行兑换金币的银行券和信用货币。在这种货币制度下,各国货币之间实行固定比价即固定汇率,因而称为金本位制下的固定汇率制。

金本位制下的固定汇率制的主要特点是:(1)决定各国货币汇率的基础是各国金铸币的含金量之比。(2)市场汇率随外汇供求关系围绕铸币平价上下波动。(3)汇率波动受黄金输入输出的调节,限制在黄金输送点的范围之内。(4)汇率的形成是自发的,国际上没有对于汇率的统一安排和规定。

2. 纸币流通制度下的固定汇率制

纸币流通制度下的固定汇率制是指"二战"后布雷顿森林体系下建立的以美元为中心的固定汇率制。其主要内容是:(1)确认美元对黄金的官价为35美元1盎司纯金;(2)各国规定本国货币含金量,并按含金量的对比,确定本币与美元的官方汇率即黄金平价;(3)规定市场汇率的波动界限为黄金平价的±1%,各国货币当局负责维持;(4)各国央行持有的美元,可按每盎司35美元的官价向美国中央银行兑取黄金。

### 10.4.3　Floating exchange rate

浮动汇率制,又称弹性汇率制(flexible exchange rate),是国家不规定货币的黄金平价和汇率波动界限,也不承担维持汇率稳定的义务,听任汇率随外汇市场供求关

---

of various countries for the determination, maintenance, adjustment and management of their own currencies.

Fixed exchange rate system refers to a system that keeps the currency exchange rate fixed, or limits the fluctuation of the currency exchange rate within a certain range.

The floating exchange rate system, also called the flexible exchange rate system, refers to that a country does not set it's currency's gold parity or fluctuation limits, nor obligated to maintain a stable exchange rate. The exchange rate is free to fluctuate with the supply and demand of foreign exchange market.

Managed floating, also known as dirty floating, refers to that a government or a central bank intervenes the market exchange rate in variety ways to float the market exchange rate in favor of that country and to maintain at the level of a government expects.

系变化而自由波动的一种汇率制度。

1. 浮动汇率的分类

(1)按政府是否干预,可分为自由浮动与管理浮动

自由浮动,又称清洁浮动(clean floating),是指政府对市场汇率的波动不加任何干预,任其随市场外汇供求变化而自由涨跌。

管理浮动,又称肮脏浮动(dirty floating),是指政府和央行以各种方式对市场汇率进行干预,从而使市场汇率朝着对本国有利的方向浮动并维持在政府希望的水平上。

(2)按汇率浮动的联系,可分为单独浮动、联合浮动和爬行浮动

单独浮动(separate floating),即在较为宽松的外汇管制条件下,本国货币价值不与任何外国货币发生固定联系,其汇率根据外汇市场供求关系单独调整。

联合浮动(joint floating),又称合作安排,即几个国家的货币对其他国家的货币汇率不是分别各自浮动,而是联系在一起共同浮动。这些国家实际上形成了一个货币集团,它们对外实行浮动汇率,集团内部各种货币相互之间则采取固定汇率。

爬行浮动(crawling floating)是指一国货币汇率与某种主要国际货币或混合货币单位在一段时间内保持密切联系,且经常性及时进行小幅度间歇式调整。由于这种汇率制度下汇率波动曲线好像虫子爬行蠕动的路线,因而称为爬行汇率。

### 10.4.4 The determination of exchange rate

1. 固定汇率制度与浮动汇率制度的比较

(1)汇率制度对国际收支的调节作用

在固定汇率制度下,由于货币比较固定或汇率波动范围被限制在一定的幅度之内,汇率基本上不能发挥调节国际收支的作用。而在浮动汇率制度下,则可以采用灵活的国际收支调节措施,既可以利用汇率的变动来调节,又可以运用财政货币政策来调节,或者将二者结合起来进行调节。因此,浮动汇率对国际收支的调整更加快捷、及时,成本更低。

(2)汇率制度对世界经济发展的影响

在固定汇率制度下,由于两国货币汇率基本固定,或者波动范围限制在一定范围之内,因而便于各国进出口商和国际投资者核算成本和利润,且减少了国际经济交易中的风险,使国际经济交易得以顺利进行。而浮动汇率的缺点

是,汇率频繁与剧烈波动使得在国际经济交易中难以核算成本和利润,加大了国际经济交易风险,因而不利于世界经济的发展。

(3)汇率制度对国内经济的影响

在固定汇率下,由于汇率不能发挥调节国际收支的经济杠杆作用,因此会使国内经济发展受到抑制和失业扩大,或者会使通胀与物价上涨更加严重。政府为了维持固定汇率而采取的干预外汇市场的措施,也会有同样的效果:当逆差时抛售外汇,一方面会使外汇储备流失,另一方面又会形成紧缩性经济影响,加速经济衰退;当顺差时购入外汇,又会形成扩张性经济影响,形成通货膨胀。因此,固定汇率的维持往往不得不以牺牲国内经济为代价。

在浮动汇率下,由于汇率可以发挥对国际收支的调节作用,不必以牺牲内部平衡来换取外部平衡。但一些经济学家认为,浮动汇率制度会加剧通货膨胀,因为一国货币汇率下浮必然会导致进口价格上升,从而直接或间接助长国内一般价格水平上升,而当汇率上浮时,国内物价却不会下降。因此,浮动汇率在某种程度上并不能避免通货膨胀的国际传播。

(4)汇率制度对一国货币政策自主性的影响

在固定汇率制度下,如果主要贸易伙伴国采取扩张性货币政策引起国际收支赤字,会使本国出现国际收支盈余,增加外汇储备,从而增加货币供应,影响本国货币政策的自主性。而在浮动汇率制度下,一国可以听任本币的市场汇率上浮或者下浮,而不必通过外汇储备和货币供给的增减来适应主要贸易伙伴国的货币政策,使货币政策的自主性大大增强。

2. 固定汇率制度与浮动汇率制度的选择

实行固定汇率制度和浮动汇率制度各有优劣势。一国究竟应采用何种汇率制度,应根据各国具体情况而定。一国汇率制度的选择,取决于经济开放程度、经济规模、进出口贸易的商品结构和地理分布,以及国内金融市场的发达程度和国际金融市场的一体化程度等。一般来说,经济开放程度较高,经济规模较小,或者进出口集中于某几种商品或某个别国家的国家,多实行固定汇率制;反之,经济开放程度低,进出口商品多样化或地域分布分散化,同国际金融市场联系紧密,资本流动较为频繁的国家,则倾向于实行浮动汇率制或弹性汇率制。

### 10.4.5　RMB exchange rate system

人民币是我国的本位货币,保持人民币对外币的适当汇率水平,对于稳定人民币币值、调节国际收支、促进对外贸易经济的发展意义十分重大。

1. 人民币汇率制度改革

(1) 1994年以前人民币汇率形成机制

新中国成立以来至改革开放前,在传统的计划经济体制下,人民币汇率由国家实行严格的管理和控制。人民币从1949年至1952年采用浮动汇率制度。从1953年至1973年,因为实行计划经济制度,人民币与美元正式挂钩,汇率保持在1美元兑2.46元人民币的水平上。但此时中国对外贸易很少,所以人民币汇率意义不是很大。1973年,由于石油危机,世界物价水平上涨,西方国家普遍实行浮动汇率制度,汇率波动频繁。为了适应国际汇率制度的这种转变,根据有利于推行人民币计价结算,便于贸易,为国外贸易所接受的原则,人民币汇率参照西方国家货币汇率浮动状况,采用"一篮子货币"加权平均计算方法进行调整。

从1980年至1994年,中国实施双重汇率制度。即除官方汇率外,另行规定一种适用进出口贸易结算和外贸单位经济效益核算的贸易外汇内部结算价格,该价格根据当时出口换汇成本确定,固定在2.8元水平。1985年至1991年4月复归单一汇率制度。

1991年4月至1993年底,这一阶段对人民币汇率实行微调。在两年多的时间里,官方汇率数十次小幅调低,但仍赶不上出口换汇和外汇调剂价的变化。到1993年底,人民币对美元的官方汇率与调剂汇率分别是5.7和8.7。这一时期人民币汇率制度变化与改革的特点是:官方汇率和调剂汇率并存,官方汇率逐渐向下调整。

(2) 1994~2005年的人民币汇率形成机制

1993年11月,党的十四届三中全会通过的《中共中央关于建立社会主义市场经济体制若干问题的决定》要求:"改革外汇体制,建立以市场供求为基础的、有管理的浮动汇率制度和统一规范的外汇市场,逐步使人民币成为可兑换的货币。"1993年12月,国务院正式颁布《关于进一步改革外汇管理体制的通知》,采取了一系列重要措施。具体包括:实现人民币官方汇率和外汇调剂价并轨;建立以市场供求为基础的、单一的、有管理的浮动汇率制;取消外汇留成,实行结售汇制度,建立全国统一的外汇交易市场;等等。

1994年1月1日,人民币官方汇率与外汇调剂价格正式并轨,我国开始实行以市场供求为基础的、单一的、有管理的浮动汇率制。实际上,中国的汇率制度是单一钉住美元。企业和个人按规定向银行买卖外汇,银行进入银行间外汇市场进行交易,形成市场汇率。中央银行设定一定的汇率浮动范围,并通过调控市场来保持人民币稳定。实践证明,这一汇率制度符合中国国情,为中国经济的持续、快速发展,为维护地区乃至世界经济金融的稳定作出了积极的贡献。

(3)2005年以来人民币汇率形成机制

2005年7月21日,中国人民银行启动人民币汇率形成机制改革,实行以市场供求为基础、参考一篮子货币进行调节、有管理的浮动汇率制度。人民币汇率不再钉住单一美元,而是按照我国对外经济发展的实际情况,选择若干种主要货币,赋予相应的权重,组成一个货币篮子,形成更富弹性的人民币汇率机制。

## Summary

1. Foreign exchange is another country's money. The dynamic meaning of the foreign exchange refers to the act of trading different country's currencies.

2. Convertibility means a currency can be freely exchanged for another currency. This is the most important characteristic of the foreign exchange.

3. Foreign exchange market is the place where currencies are bought and sold.

4. Foreign exchange market has two functions: the first is to convert one currency into another (the spot exchange market); the second is to provide insurance against foreign exchange risk (the forward exchange market).

5. Direct quotation is the amount of domestic currency per unit of foreign currency.

6. Indirect quotation is the amount of foreign currency per unit of domestic currency.

7. American quotation is the dollar per currency quote, i. e., the price of other currencies in terms of the dollar.

8. A cross rate is the rate which is calculated from two other bilateral exchange rate.

## Exercises

1. What are foreign exchange and foreign exchange rate?
2. What are the two functions of foreign exchange market?
3. Discuss the difference between the spot and forward exchange market.

# Chapter Eleven
# International Reserves
# 第十一章
# 国际储备

**中国外汇储备的构成**

截至 2016 年 6 月底,中国持有 3.21 万亿美元外汇储备(约相当于 GDP 的 30.4%),中国拥有的外汇储备占全球的 29.3%。中国外汇储备的货币构成,对全球资产价格和市场走势有着深远影响。

美元在中国外汇储备中占绝对主导地位,份额约为 66.7%。截至 4 月,中国持有 1.24 万亿美元美国国债,占中国外汇储备的 38.6%,但这不包括中国通过第三方持有的美国国债,也不包括中国持有的其他美元资产。中国将相当大一部分外汇储备配置于美国国债,因为这是唯一可容纳中国巨额投资、足够大的一个市场,而美元是对外支付的主要货币。

欧元资产约占中国外汇储备的 19.6%,低于其在全球外汇储备中 20.4%的占比。全球金融危机凸显了外汇储备投资多元化的重要性。近年来,尽管欧洲债务危机阴云未散,但中国似乎逐步提高了外汇储备中欧元的权重。

英镑约占中国外汇储备的 10.6%,高于 4.8%的全球基准。截至 7 月 15 日,英国公投退出欧盟已经导致欧元和英镑分别贬值了 3.1%和 11.3%。据估计,欧元和英镑的汇率变动已给中国外汇储备带来了约 574 亿美元的损失。

日元在中国外汇储备中是低配的,约占 3.1%,低于 4.1%的全球基准。截至 2015 年底,中国持有 9.5 万亿日元的日本债券,约占中国外汇储备的 2.36%。年初至今,日元已累计升值 14.6%,这给中国外汇储备带来了约 151 亿美元的收益。

总体而言,相比国际储备的分布,中国外汇储备高配了美元和英镑,低配了日元。从今年(2016 年)10 月起,IMF 的国际储备数据将单独列出人民币的份额。

通过本章的学习,应掌握以下内容:

1. 什么是国际储备?
2. 国际储备的构成是怎样的?
3. 什么是普通提款权?什么是特别提款权?

# 第十一章 国际储备

## Learning target:

1. What is international reserve?
2. How many forms of international reserve?
3. What is foreign exchange reserve?
4. What is the difference between general drawing rights and special Drawing Rights?

## Key words:

| | |
|---|---|
| international reserve | 国际储备 |
| gold reserve | 黄金储备 |
| foreign exchange reserve | 外汇储备 |
| general drawing rights | 普通提款权 |
| special drawing rights | 特别提款权 |

## 11.1 Introduction to international reserves

一个国家的国际收支出现不平衡是很自然的。如果出口大于进口,那么这个国家就会出现国际收支的顺差,从而会使其黄金或者外汇储备增加。但是,如果一个国家进口大于出口,那么这个国家将在国际收支平衡上出现逆差(赤字),就要以外汇资金来弥补。这些外汇资金,一是来自本国的黄金或者外汇储备,二是来自向国外借款。一国能向国外借款规模的大小与借款条件的优劣,取决于本国黄金、外汇储备的规模,所以在当今世界中,每个国家都必须保持一定数量的黄金、外汇储备。黄金、外汇储备的形式多种多样,统称为国际储备。

### 11.1.1 Definitions of international reserves

The international reserve is actually the total amount of a country's international reserve capital, although in different forms, owned by the currency authority of the country, which is usually used for international payments, balancing its overall international payments and maintaining exchange rates of its currency in the international exchange markets.

国际储备(International reserves)也称"官方储备"(Official reserves),是指一国货币当局能随时用来干预外汇市场、支付国际收支差额的国际上可以接受的一切资产。

国际储备是战后国际货币制度改革的重要问题之一,它不仅关系到各国调节国际收支和稳定汇率的能力,而且会影响国际贸易的发展。

1. 国际储备的特点

国际储备的主要特征体现在它作为干预资产的效能上,一般必须具备三个特点:

第一,可得性,即它是否能随时、方便地被政府得到;

第二,流动性,即变为现金的能力;

第三,被普遍接受性,即它是否能在外汇市场上或在政府间清算国际收支差额时被普遍接受。

2. 国际储备与国际清偿能力

通常所说的国际储备是狭义的国际储备,即指自有储备,其数量多少反映了一国在涉外货币金融领域的地位。

广义的国际储备可以划分为自有储备和借入储备。自有储备和借入储备之和又称国际清偿能力(International liquidity),译为"国际流动性",是指各国中央银行或金融当局持有的为国际上普遍接受、能用作国际结算的资产的多寡以及该国潜在的向外借款能力的大小。

## 11.1.2 Forms of international reserves

According to the unified interpretation of the IMF, the international reserve should be composed of four forms:
(1) gold reserve;
(2) foreign exchange reserve;
(3) reserve position in IMF (general drawing Rights);
(4) special drawing rights.

A gold reserve is the monetary gold held by a national central bank, intended as a store of value and as a guarantee.

国际货币基金组织对一个国家的国际储备所下的定义是,一国政府和中央银行所持有的黄金、外汇和提款权总额再加上该国在国际货币基金组织的储备头寸。根据这个定义,成员国的国际储备具体由四部分组成:
(1)黄金储备;
(2)外汇储备;
(3)在国际货币基金组织的储备状况(亦称普通提款权);
(4)特别提款权。

1. 黄金储备

黄金储备是指一国政府持有的货币性黄金。非货币用途的黄金不在此列。

国际金本位和布雷顿森林体系时期,黄金一直是最重要的储备资产,一国黄金储备数量反映着该国应付国际收支危机的能力及其货币的国际信用,也反映其在国际金融市场的实力地位。

## Reading

**中国赶超俄罗斯成为世界第五大黄金储备国**

2015年8月6日世界黄金协会(World Gold Council)公布了至2015年8月为止的世界黄金储备数据,美国仍然稳居榜首,国家储备中,德国、意大利、法国分列二、三、四位。中国赶超俄罗斯成为世界黄金储备第五大国家。国际货币基金组织(IMF)黄金储备达到2 814吨,仅次于德国,在综合排名中位列第三。

在黄金储备占总储备百分比方面,前四位的国家——美国、德国、意大利和法国,均超过60%,美国黄金储备达到8 133.5吨,占总储备的73.7%。黄金储备占总储备份额是按照6月伦敦黄金现货价格计算的。

| 全球官方黄金储备 |||||
| --- | --- | --- | --- |
| 项目序号 | 国家 | 黄金储备 | 黄金占外汇储备 |
| 1 | 美国 | 8 133.5 吨 | 73.7% |
| 2 | 德国 | 3 384.2 吨 | 68.40% |
| 3 | 意大利 | 2 451.8 吨 | 67% |

续表

| 全球官方黄金储备 |||| 
|---|---|---|---|
| 序号\项目 | 国家 | 黄金储备 | 黄金占外汇储备 |
| 4 | 法国 | 2 435.4 吨 | 65.10% |
| 5 | 中国 | 1 658 吨 | 1.70% |
| 6 | 俄罗斯 | 1 094.7 吨 | 9.70% |
| 7 | 瑞士 | 1 040 吨 | 8% |
| 8 | 日本 | 765.2 吨 | 2.5% |
| 9 | 荷兰 | 6 12.5 吨 | 54.30% |
| 10 | 印度 | 557.7 吨 | 7.30% |

据外媒数据显示,近期黄金价格暴跌,按照黄金价格下跌幅度计算,各国央行黄金储备短期内已经大幅缩水,损失达到数千亿美元。

中国人民银行7月公布了黄金储备数据,黄金储备较2009年公布的数据大幅上升,但仍然没有达到市场预期的水平。中国数据显示,黄金储备仅为整体央行储备的1.6%。中国并不是唯一储备比例偏低的前列国家,黄金储备排名第八位的日本黄金只占到2.5%;第十位的印度黄金储备占总储备的7.3%;第十六位的沙特阿拉伯黄金储备占总储备的1.8%。但在黄金储备前五十名的国家和地区中,只有韩国的1.1%、巴西的0.7%和马来西亚的1.3%较中国要少。

分析人士此前曾经表示,认为中国黄金储备理论上应该达到3 000吨～5 000吨的水平,即黄金储备至少要达到整体储备的3%以上。这意味着外国分析人士预计中国将会成为继美国之后的世界第二大黄金储备持有国,经济学家们认为,这才符合中国世界GDP排名第二的身份。

此次排名除了国家和地区外,还包括了一些国际组织,如IMF、欧洲央行、国际清算银行等。

资料来源:中国经济网 http://finance.ce.cn/rolling/201508/07/t20150807_6153924.shtml。

2. 外汇储备

Foreign exchange reserves in a strict sense are only the foreign currency deposits and bonds held by central banks and monetary authorities of a country.

外汇储备是指一国政府所持有的外国可兑换货币及其短期金融资产,即政府持有的外汇。被各国用作外汇储备的货币称为储备货币,它是世界各国普遍接受的通货。例如1880～1914年英镑是最重要的储备货币,20世纪30年代以后,美元与英镑并驾齐驱,而"二战"以来,美元又独占鳌头,成为最重要的储备货币。随着德国与日本经济实力的迅速壮大,德国马克和日元在各国外汇储备中的份额不断增加。

作为储备货币,必须具备以下三个条件:
(1)在国际货币体系中占有重要地位;
(2)能自由兑换其他储备资产;
(3)人们对其购买力的稳定性具有信心。

2014年9月30日,国际货币基金组织发布《全球官方外汇储备构成》报告:2014年第二季度末,全球官方外汇储备余额为12.001万亿美元,其中:美元占60.7%,欧元占

24.2%,日元占 4%,英镑占 3.9%,加元占 2%,澳大利亚元占 1.9%,其他货币占 3.3%。

统计数据显示,2015 年 12 月末中国外汇储备为 3.33 万亿美元,全年累计外汇储备减少 5 126.6 亿美元,创有记录以来最大年度降幅。

第二次世界大战后很长一段时期,西方国家外汇储备的主要货币是美元,其次是英镑。目前,我国和世界其他国家在对外贸易与国际结算中经常使用的外汇储备主要有美元、欧元、日元、英镑等。如表 11-1 所示。

表 11-1　　各国央行外汇储备货币构成排行(截至 2014 年第一季度末)

| 排　名 | 币　种 |
| --- | --- |
| 第一位 | 美元 |
| 第二位 | 欧元 |
| 第三位 | 日元 |
| 第四位 | 英镑 |
| 第五位 | 加拿大元 |
| 第六位 | 澳大利亚元 |
| 第七位 | 瑞士法郎 |

3. 普通提款权

The general drawing right, also known as a reserve position in the International Monetary Fund, is part of the state's foreign exchange reserves.

普通提款权也称在国际货币基金组织的储备头寸,是国家外汇储备的一部分。储备头寸(reserve position)是指一成员国在国际货币基金组织的储备部分提款权余额,再加上向国际货币基金组织提供的可兑换货币贷款余额。储备头寸是一国在国际货币基金组织的自动提款权,其数额的大小主要取决于该会员国在国际货币基金组织认缴的份额,会员国可使用的最高限额为份额的 125%,最低为 0。

4. 特别提款权

Special drawing rights (SDR) are supplementary foreign exchange reserve assets defined and maintained by the International Monetary Fund (IMF). Their value is based on a basket of key international currencies reviewed by IMF every five years.

亦称"纸黄金",最早发行于 1969 年,是国际货币基金组织根据会员国认缴的份额分配的,可用于偿还国际货币基金组织债务、弥补会员国政府之间国际收支逆差的一种账面资产。

其价值目前由美元、欧元、人民币、日元和英镑组成的一篮子储备货币决定。会员国在发生国际收支逆差时,可用它向国际货币基金组织指定的其他会员国换取外汇,以偿付国际收支逆差或偿还国际货币基金组织的贷款,还可与黄金、自由兑换货币一样充当国际储备。因为它是国际货币基金组织原有的普通提款权以外的一种补充,所以称为特别提款权。

2015年11月30日,国际货币基金组织正式宣布人民币2016年10月1日加入SDR。

2016年10月1日,特别提款权的价值由美元、欧元、人民币、日元、英镑这五种货币所构成的一篮子货币的当期汇率确定,所占权重分别为41.73%、30.93%、10.92%、8.33%和8.09%。

5. 普通提款权和特别提款权的区别

普通提款权与特别提款权相似,普通提款权也是分配给国际货币基金组织(IMF)成员国的。但与特别提款权不同的是,普通提款权是信贷,而特别提款权可以作为成员国现有的黄金和美元储备以外的外币储备。

## Reading

### 特别提款权的创立背景

"二战"后,布雷顿森林体系于1944年成型,美元的币值与黄金挂钩,其他主要国家的货币汇率钉住美元。20世纪60年代初爆发的美元第一次危机,暴露出以美元为中心的布雷顿森林体系的重大缺陷,以一国货币为支柱的国际货币体系是不可能保持长期稳定的。

该体系下,只有黄金和美元是储备资产。黄金的供给很少,美国只能通过持续的国际收支逆差向世界提供更多美元作为国际基础货币。当时,很多国家尚处在战后复苏期,劳动成本相对美国较低,钉住美元能够刺激出口,所以多数国家不愿意调整汇率。

全球国际收支调整机制的缺位,使得美国贸易逆差持续,人们对固定的美元对黄金比率的信心一点点被侵蚀。比利时裔美籍经济学家特里芬提出的这一问题被命名为"特里芬难题":世界必须在全球货币流动性匮乏与对美元的信心丧失之间做出选择。

为了让布雷顿森林体系继续运转,国际货币基金组织提出创设一种补充性的国际储备资产,作为对美国以外美元供给的补充。

1968年3月,由"十国集团"提出了特别提款权的正式方案。但由于法国拒绝签字而被搁置起来。美元危机迫使美国政府宣布美元停止兑换黄金后,美元再也不能独立作为国际储备货币,而此时其他国家的货币又都不具备作为国际储备货币的条件。

1969年,IMF创设SDR,初始价值被设为1单位SDR对1美元,相当于0.888 671克黄金。SDR相当于一种账面资产,也被称为"纸黄金"。

资料来源:根据腾讯新闻2015年11月30日《SDR将给人民币带来什么?》整理而来。

## Reading

### 中国与世界共赢的历史性一步

国际货币基金组织执董会2015年11月30日批准人民币加入特别提款权(SDR)货币篮子,这是中国和世界共赢的历史性一步,对中国和世界来说是双赢之举。

如果说"入世"(加入世贸组织)标志着中国真正融入全球经济,那么"入篮"将意味着中国真正融入全球金融体系。"入篮",将促进中国深化金融改革,扩大资本市场开放,推动人民币国际化,为国内外金融机构提供更多投资机会。

人民币"入篮"是中国经济不断发展并努力加快金融改革、推动人民币国际化的自然成果,可谓水到渠成。

早在2010年,国际货币基金组织就曾对人民币"入篮"的可行性进行评估。自那以后,中国采取了一系列措施加快人民币国际化进程,促进人民币全球货币互换网络和离岸清算中心建设,人民币业务快速扩张,实现人民币国际使用规模大幅增长。

这些举措不仅为人民币"入篮"扫除了技术障碍,也向国际社会释放了中国坚定金融改革、开放资本市场的积极信号,得到国际机构和投资者的赞许。

人民币"入篮",让人民币成为首个被纳入SDR货币篮子的新兴经济体货币。这反映了全球经济格局的变化,体现了崛起的新兴经济体在国际货币体系中话语权的上升,是对国际社会要求改革国际货币体系的回应。

随着中国经济和贸易实力的增强,人民币跨境贸易结算、离岸市场交易和双边货币互换的快速发展,不少发展中国家的央行开始将人民币资产纳入外汇储备。从这个意义上来说,人民币"入篮"也是符合市场需求的必然结果。国际舆论也认为,人民币加入SDR货币篮子后有望在国际金融体系中发挥越来越重要的作用。

资料来源:根据新华网2015年12月1日《中国和世界共赢的历史性一步》新闻资料整理而来。

## 11.1.3 Functions of international reserves

国际储备的作用包括:

1. 清算国际收支差额,维持对外支付能力

*To keep the balance of payments and maintain the capacity for external payment.*

国际储备的首要用途就是在一国国际收支发生困难时作为一种缓冲器对国际收支调节所起的缓冲作用。这种缓冲作用能使一国避免在国际收支暂时发生困难时被迫采取不利于本国经济的调整行为,或当一国国际收支长期恶化而使调整不可避免时,能将调整分散在一个最适当的时期。

2. 干预外汇市场,调节本国货币汇率

*Intervention in the foreign exchange market, regulating the domestic currency exchange rate.*

一国金融当局可利用国际储备干预外汇市场,以便将汇率维持在政府所希望的水平。在现行浮动汇率制度下,一国经济实力的消长会导致该国货币汇率的变动。为防止汇率波动影响本国经济,一些国家通过动用国际储备在国际金融市场买卖外币或本币以影响外汇行市。但是,汇率的波动在很多情况下是由短期因素引起的,故外汇市场干预能对稳定汇率乃至稳定整个宏观金融和经济秩序起到积极作用。

3. 信用保证

*Credit guarantee.*

国际储备可以作为一国向外借款的保证,也是债务国到期还本付息的基础和保证。一般来说,一国国际储备雄厚,偿还外债的能力就强,国际金融机构、银团或政府就愿意向它提供贷款;若一国国际储备不足,偿还能力就小,它就难以获得贷款。另外,国际储备可以用来支持对本国货币价值稳定的信心。

## 11.2 Management of international reserves

国际储备管理是一国政府或货币当局根据一定时期内本国的国际收支状况和经济发展的要求,对国际储备的规模、结构和储备资产的使用进行调整、控制,从而实现储备资产的规模适度化、结构最优化和使用高效化的整个过程。

从一国的角度来看,国际储备的管理主要涉及两个方面,第一是数量管理,第二是币种管理。数量管理讲的是一国应保持多少储备才算合理,币种管理讲的是怎样搭配不同种类的储备货币,才能使风险最小或收益最大。

### 11.2.1 Quantity management of international reserves

1. 国际储备需求及测算方法
(1)国际储备需求

International reserve demand is to provide some valuable things to exchange the desired reserve.

国际储备需求是指提供某些有价值的物以交换所需储备的意愿,这一定义可进一步引申为持有储备和不持有储备的边际成本二者之间的平衡。持有储备的净成本越高,实际的储备额就会降得越低。反之,实际的储备额就会增加。

(2)影响一国国际储备需求的因素

第一,国际储备需求同国际收支调节密切相关。

一方面,国际储备需求受国际收支自动调节机制的影响,如收入机制、货币—价格机制、利率机制等,在调节机制不能得到充分运用时,国际储备的需求量就大。所以,调节机制越能顺利运行,国际收支失衡情况越轻缓,所需要提供的国际储备就越少。

另一方面,国际收支逆差的规模与国际收支调节政策的效力与速度也是影响国际储备需求量的重要因素。

一般情况下,国际储备需求同国际收支调节的规模和影响呈正相关,这决定于国际收支逆差的规模和逆差产生的频繁性。

第二,持有国际储备的成本。

国际储备实际上是对国外实际资源的购买力。它们若得到利用,就可以增加国内投资从而加快经济的发展。因此,一国持有国际储备实际上是将这些实际资源储备起来,牺牲和放弃利用它们来加快本国经济发展的机会。

第三,汇率制度。

国际储备需求同汇率制度有密切的关系。如前所述,国际储备的一大作用就是干预汇率。

如果一国采取的是固定汇率制,并且政府不愿意经常性地改变汇率水平,就需要持有较多的储备以应付国际收支可能产生的突发性巨额逆差或外汇市场上突然爆发的大规模投机。反之,实行浮动汇率制的国家其储备的持有量就可相对较低。

第四,金融市场的发育程度。

发达的金融市场能提供较多的诱导性储备,这些储备对利率和汇率等调节政策的反应比较灵敏。

因此,一国金融市场越发达,政府保有的国际储备便可相应越少;反之,金融市场越落后,调节国际收支对政府自有储备的依赖就越大。

第五,货币的国际地位。

一国货币如果处于储备货币地位,它可以通过增加本国货币的对外负债来弥补国际收支逆差,而不需要较多的储备;相反,则需要较多的储备。

第六,国际资金流动情况。

一国对外开放程度越高,外汇管制越松,用于抵消国际资金流动冲击所需的储备就越多,特别是在不能有效、及时利用国际金融市场借入储备的情况下,自有储备的数量需求就大大增加;相反,一国所需的储备就可少些。

第七,国际货币合作状况。

如果一国政府同外国货币当局和国际货币金融机构有良好的合作关系,签订有较多的互惠信贷备用协议,或当国际收支发生逆差时,其他货币当局能协同干预外汇市场,则该国政府对自有储备的需求就少。反之,该国政府对自有储备的需求就大。

综上所述,影响一国最佳储备需求量的因素有很多,它们交织在一起,使最佳储备需求的确定复杂化。

2. 国际储备的测算方法

为了测算最适度的国际储备水平,各国经济学家提出了种种计算方法,其中运用较多的是比例分析法和成本收益分析法。

(1)比例分析法

比例分析法采用国际储备量与某种经济活动变量之间的比例关系来测算储备需求的最适度水平。其中,进口比例法(R/M比例法)是目前国际上普遍采用的一种简便易行的衡量方法。这是由美国耶鲁大学的经济学家罗伯特·特里芬教授在其1960年出版的《黄金与美元危机》一书中提出的。其基本思想是:把国际贸易中的进口作为唯一的一个变量,用国际储备对进口的比例(R/M)来测算适度的储备量。一国的R/M比例应以40%为最高限,20%为最低限。按全年储备对进口额的比例计算,一般为25%~30%,即一国的储备量应以满足3~4个月的进口为宜。

除此之外,比例分析法常用的比例指标还有储备对外债总额的比例、储备对国民生产总值的比例等。比例分析法因简明易行而被许多国家所采用,IMF也是这一方法的支持者。但是比例分析法也有明显的缺点:首先,某一比例关系只能反映个别经济变量对储备需求的影响,而不能全面反映各种经济变量的影响。其次,对于R/M比例法来说,一是它理论上存在缺陷,即国际储备的作用并非只是支付进口;二是各国情况不同,例如,各国对持有国际储备的好处和付出的代价看法不同,以及各国在世界经济中所处的地位不同等。这些差异决定了各国储备政策的差异,因而各国对储备的需要量也就不同。所以,只用进口贸易这个单一指标作为决定各国国际储备需求量的依据,显得有些不足。

2. 成本收益分析法

成本收益分析法又称机会成本分析法。这是20世纪60年代以来以海勒、阿加沃尔为首的经济学家,将微观经济学的厂商理论——边际成本等于边际收益——运用于外汇储备总量管理而得出的,即当持有储备的边际成本等于边际收益时,所持有的储备量是适度的。一般情况下,国际储备的需求量与持有储备的机会成本成反比,与持有储备的边际收益成正比。持有储备的机会成本是运用外汇进口资源要素以促进国内经济增长的边际产出(可采用国内投资收益率来计算)。持有储备的边际收益则是运用储备弥补国际收支逆差,避免或推迟采用政策性调节措施,减少和缓解对经济造成不利影响的好处,以及运用外汇购买国外有息资产的收益。只有当持有储备的边际收益等于持有储备的机会成本,从而带来社会福利最大化时,才是最适度的储备规模。

成本收益分析法具有测算的准确性高于比例分析法的优点,这种方法采用多元回归和相关分析的技术建立储备需求函数,克服了比例分析法采取单一变量的片面性。但宏观经济中有些变量并不像微观经济变量一样有界限分明的成本和收益,只能测算综合成本和综合收益。这使成本收益法存在着不足之处:其计算方法比较复杂,涉及的经济变量较多,有的数据难以获得,只能凭经验主观选择或采用其他近似指标替代,影响了计算结果的准确性,因而很难在实际生活中运用。

## 11.2.2 Structure management of international reserves

1. 国际储备结构管理的必要性

一国对国际储备的管理,除了在量上将国际储备保持在最适度水平上,还需要在质上拥有一个适当的国际储备结构。其原因是:

(1)20世纪70年代以来,浮动汇率制与储备货币多元化局面形成,各种储备货币的汇率经常变动,有时变动幅度还很大,硬货币与软货币经常易位。

(2)国际金融市场利率动荡不定,各种储备货币的利率时高时低。

(3)黄金市场价格波动频繁,这就要求一国货币当局要不断调整其国际储备的结构。

2. 国际储备结构管理的基本原则

一国货币当局调整其国际储备结构的基本原则是:统筹兼顾各种资产的安全性、流动性和盈利性。

但是在实际操作中,这三个方面往往又是相互矛盾的。安全性和流动性较强的资产,收益性往往很低;而收益性较高的资产,安全性和流动性往往又很差。在这三个方面,中央银行对储备资产管理的侧重点与一般的商业银行是不同的。一般的商业银行为了生存和竞争,通常把追求利润放在首位。中央银行持有国际储备的主要目的不是商业竞争,而是保证国际收支出现逆差时的对外支付和维持汇率的稳定,因此将安全性和流动性放在首位。只有在安全性和流动性得到充分保证的前提下,才能考虑其投资的收益性。

3. 国际储备结构管理的内容

由于普通提款权和特别提款权一国不能主动增减和进行调整,因而国际储备资产的结构管理主要是指黄金储备与外汇储备的结构管理,以及外汇储备的币种管理。

(1)黄金储备与外汇储备的结构管理

在当代,黄金由于不能直接用于国际支付,且金价波动较大,而使其流动性和安全性较低。此外,持有黄金既不能生息又需要较高的仓储费,因而盈利性也较低。故此,许多国家对黄金储备采取了保守的、数量控制的政策。

外汇储备在国际储备中居于绝对优势地位,其本身又有流动性和安全性的优势,盈利性一般也高于黄金储备,这使许多国家货币当局采取了减少或基本稳定黄金储备而增加外汇储备的政策。

> The management of international reserve assets mainly refers to the management of gold reserves, foreign exchange reserves and the currency of foreign exchange reserves.

The first level reserves: the highest mobility, but the lowest profitability, including demand deposits in foreign banks, foreign currency commercial instruments and foreign short-term government bonds.

The second level reserves: profitability is higher than the first, but the liquidity is less than the first, such as the 2—5 years of the medium-term foreign government bonds.

The third level reserves: profitability is higher than the second, but the liquidity is less than the second, such as long-term bonds of foreign government.

(2)外汇储备的币种管理

外汇储备的币种管理包括储备货币币种的选择和安排,调整各种储备货币在外汇储备中的比重两个方面。

一国外汇储备中储备货币币种的构成及其结构主要取决于下列因素:

①该国贸易与金融性对外支付所需币种。

②该国外债的币种构成。

③该国货币当局在外汇市场干预本国货币汇率所需币种。

④各种储备货币的收益率。

一种储备货币的收益率＝汇率变化率＋名义利率

因此,应在对汇率走势进行研究的基础上,选择收益率较高的储备货币。

⑤一国经济政策的要求。

(3)外汇储备资产形式的结构管理

①一级储备,流动性最高,但盈利性最低,包括在国外银行的活期存款、外币商业票据和外国短期政府债券。

②二级储备,盈利性高于一级储备,但流动性低于一级储备,如2～5年期的中期外国政府债券。

③三级储备,盈利性高于二级储备,但流动性低于二级储备,如外国政府长期债券。

国情不同,各国货币当局持有上述三级储备的结构也就互不相同。

一般来说,国际收支逆差国须在其储备资产中保留较大比重的一级储备,而顺差国则应保留较小比重的一级储备和较大比重的三级储备。

## Summary

1. The international reserve is actually the total amount of a country's international reserve capital.

2. The international reserve has four forms: gold reserve; foreign exchange reserve; reserve position in IMF (General Drawing Rights) and special Drawing Rights.

3. A gold reserve is the gold held by a national central bank, intended as a store of value and as a guarantee.

4. Foreign exchange reserves in a strict sense are only the foreign currency deposits and bonds held by cen-

tral banks and monetary authorities.

5. The general drawing right, also known as a reserve position in the International Monetary Fund, is part of the state's foreign exchange reserves.

6. Special drawing rights (SDR) are supplementary foreign exchange reserve assets defined and maintained by the International Monetary Fund (IMF).

7. International reserve demand is to provide some valuable things to exchange the desired reserve.

## Exercises

### 一、单项选择题

1. 目前,国际储备体系中最重要的储备资产是(　　)。
   A. 黄金　　　　　B. 外汇储备　　　C. 特别提款权　D. 普通提款权
2. 自布雷顿森林体系崩溃以来,国际储备最明显的变化是(　　)。
   A. 美元是唯一的储备货币　　　　　B. 英镑是唯一的储备货币
   C. 黄金是最重要的储备资产　　　　D. 国际储备资产多元化
3. 我国国际储备管理的重点是(　　)。
   A. 外汇储备　　　B. 特别提款权　　　C. 黄金　D. 普通提款权
4. 世界各国目前广泛使用(　　)进口额作为确定适度国际储备量的标准。
   A. 6个月　　　　　B. 3个月　　　　　C. 9个月　D. 1年
5. (　　)是减少外汇储备风险的一种方法。
   A. 储备货币多元化　　　　　　　　B. 储备美元
   C. 储备英镑　　　　　　　　　　　D. 储备单一货币
6. 在特别提款权的定值中,(　　)一直是篮子货币中比重最大的货币。
   A. 德国马克　　　B. 英镑　　　　　C. 日元　D. 美元
7. 特别提款权初创时以(　　)定值。
   A. 美元　　　　　B. 英镑　　　　　C. 黄金　D. 德国马克
8. 特别提款权是一种(　　)。
   A. 实际资产　　　B. 账面资产　　　C. 流动资产　D. 固定资产
9. 仅限于会员国政府之间和IMF与会员国之间使用的储备资产是(　　)。
   A. 黄金储备　　　B. 外汇储备　　　C. 普通提款权　D. 特别提款权
10. 在国际储备中,(　　)曾在历史上占有极其重要的地位,但从50年代开始,它在国际储备总额中所占的比重趋于下降。
    A. 黄金　　　　　B. 普通提款权　　C. 外汇储备　D. 特别提款权

### 二、多项选择题

1. 按照国际货币基金组织的定义,国际储备包括(　　)。
   A. 货币性黄金　　B. 外汇储备　　　C. 特别提款权　D. 普通提款权
   E. 人民币
2. 关于特别提款权,下面哪些是正确的说法?(　　)
   A. 是一种实际发行的货币　　　　　B. 可以充当流通手段
   C. 是一种账面资产　　　　　　　　D. 是一种资金使用的权力
   E. 是一种人为虚拟的资产

3. 国际储备管理的原则是(　　)。
A. 安全性　　　　　B. 流动性　　　C. 可靠性　D. 盈利性
E. 风险性
4. 国际储备的作用是(　　)。
A. 显示一国军事实力　　　　　B. 平衡国际收支
C. 稳定本国货币汇率　　　　　D. 对外举借的保证
E. 一国政治安定的象征
5. 特别提款权的用途是(　　)。
A. 只能用作非贸易支付　　　　B. 只能用作贸易支付
C. 弥补国际收支赤字　　　　　D. 偿还国际货币基金组织的贷款
E. 既能用作贸易支付，又能用作非贸易支付
6. 充当国际储备的货币必须具备(　　)特征。
A. 可自由兑换　　　　　　　　B. 在国际货币体系中占有重要地位
C. 将来肯定会升值　　　　　　D. 内在价值稳定
E. 该国长期保持国际收支顺差
7. 国际清偿能力包括(　　)。
A. 以本币表示的股票　　　　　B. 以本币表示的债券
C. 国外筹集资金的能力　　　　D. 本国货币
E. 一国货币当局持有的国际储备
8. 影响一国国际储备需求的因素有(　　)。
A. 持有国际储备的成本　　　　B. 国外筹集资金的能力
C. 对外贸易状况　　　　　　　D. 本币的国际地位
E. 外汇管制的程度

### 三、判断题

1. 国际清偿能力实际上就是国际储备。　　　　　　　　　　　　　　　　　　　(　　)
2. 无论国际储备体系发展到哪个阶段，黄金都是最重要的国际储备。　　　　　　(　　)
3. 特别提款权是国际货币基金组织根据会员国的份额无偿分配的，可用于归还 IMF 贷款和会员国政府之间弥补国际收支赤字的一种实际资产。　　　　　　　　　　　　　　　　　　(　　)
4. 经常项目收支顺差是一国国际储备的最主要来源。　　　　　　　　　　　　　(　　)
5. 用外汇储备购买外国黄金，不仅会改变该国国际储备的构成，而且会增大其国际储备的总额。(　　)
6. 国际储备的规模越大越好。　　　　　　　　　　　　　　　　　　　　　　　(　　)
7. 一般认为实行浮动汇率制有助于一国减少其外汇储备的大量流失。　　　　　　(　　)

### 五、简答题

1. 试述国际储备和国际清偿能力之间的关系。
2. 国际储备的作用是什么？
3. 简述影响国际储备需求的因素。

# 参考文献

1. [美]罗伯特·C. 芬斯特拉,艾伦·M. 泰勒.国际贸易[M]. 张友仁等,译. 北京:中国人民大学出版社,2011.
2. 张素芳. 国际贸易理论与实务(英文版)[M]. 3 版. 北京:对外经济贸易大学出版社,2013.
3. [美]丹尼斯·R. 阿普尔亚德,小艾尔弗雷德·J. 菲尔德,史蒂文·L. 科布. International Finance[M]. 7 版.北京:中国人民大学出版社,2012.
4. [美]阿德里安·巴克利. International Finance. 北京:中国人民大学出版社,2013.
5. [英]基思·皮尔比姆. 国际贸易[M]. 4 版. 汪洋,主译. 北京:机械工业出版社,2015.
6. [美]查尔斯·希尔. International Finance [M]. 10 版. 北京:中国工信出版集团,人民邮电出版社,2016.
7. [美]托马斯·普格尔. International Finance [M]. 14 版. 北京:中国人民大学出版社,2009.
8. [美]莫林·伯顿,[美]雷·隆贝拉. The Financial System And The Economy Principles of Money & Banking)[M]. 4 版. 北京:中国人民大学出版社,2007.
9. [美]托马斯·普格尔,International Trade[M]. 15 版. 北京:中国人民大学出版社,2012.
10. [美]托马斯·普格尔,International economics [M].15 版. 北京:中国人民大学出版社,2015.
11. [美]保罗·R.克鲁格曼,莫里斯·奥伯斯法尔德. International economics,theory and policy [M]. 8 版. 北京:清华大学出版社,2011.
12. [美]迈克尔·梅尔文. International Money and Finance.[M]. 8 版. 北京:中国人民大学出版社,2016.
13. 陈宪,张鸿. 国际贸易——理论·政策·实务 [M].第三版. 上海:上海财经大学出版社,2012.
14. 隋月红,赵治辉. 国际贸易与国际金融 [M]. 厦门:厦门大学出版社,2012.
15. 汪争平. 国际金融 [M]. 第三版. 北京:高等教育出版社,2012.
16. 史树中. 金融学十讲[M]. 上海:致格出版社,2011.
17. 张亦春,郑振龙,林海. 金融市场学[M]. 北京:高等教育出版社,1999.
18. 姚迪克. 国际金融(双语)[M].上海:复旦大学出版社,2012.
19. 姜波克. 国际金融新编[M]. 上海:复旦大学出版社,2012.
20. 魏秀敏. 国际金融[M]. 大连:大连理工大学出版社,2012.